東京の「教育改革」は何をもたらしたか

元都立高校長の体験から

渡部謙一 著

高文研

はじめに

二〇一一年三月一一日、未曾有の大地震と大津波が東北を襲い、さらには東京電力福島原子力発電所が破壊された。学校も津波にのまれ、多くのこどもたちも教師も命を失った。家族も家も職も故郷も失い、放射能の恐怖にさらされ、幾十万もの人々が今なお塗炭の苦しみに喘いでいる。

この悲嘆にくれる被災者に対して、東京都知事である石原慎太郎氏は、震災のわずか三日後（3月14日）、大震災の国民の対応について報道陣に感想を問われ、「日本人のアイデンティティーは我欲。この津波をうまく利用して我欲を一回洗い落とす必要がある。やっぱり天罰だと思う」と、この東日本大震災の津波を「天罰」だと暴言を吐いた。

その石原氏が、これまで都知事選四選出馬はあり得ないと否定し続けていたにもかかわらず、元参議院議員小池晃氏、元宮崎県知事東国原英夫氏、飲食店チェーンワタミ会長渡辺美樹氏らが立候補する中、三月二四日の告示を前に突然出馬を表明。告示後もテレビ討論に一回出演しただけで、街頭演説もせず（投票日前日の四月九日にマスメディア向けに街頭に立っただけ）政策も何も明らかにしないまま、他の候補者に大差を付けて四選された。原発については一〇年前から、「日本の原子力発電所の管理体制は世界で一番」「東京湾に造ってもいいというぐらい原子力発電所は安全だ」(『朝日新聞』01年5月29日)と公言してきた人である。

しかも四選されるや、六月一七日の都議会所信表明で「破壊的な教育改革を議論し、発信していく」と述べ、有識者による「教育再生・東京円卓会議(仮称)」を設けると宣言した。この「破壊的改革」には前段がある。今年二月二二日付『朝日新聞』都内版のコラムで、彼は次のように語っていたのである。

「私は就任したときに、中曽根さん(中曽根康弘元首相)から『これだけはやれ』と言われたんだけれど、ただ一つできなかったのは教育の破壊的改革。(中略)都立高校は決して良くなっていません」

私は、「教育は人間讃歌」という信条のもとに三八年間都立高校で教職生活を送ってきた。その間、一九九五年に『新しく生まれ変わる都立高校―都立高校白書』が出され、急激で強権的な都立高校改革が始まった。この年に教頭になった。

そして四年後の一九九九年四月、石原都政が出発すると同時に都立久留米《くるめ》高校に校長として赴任した。私が赴任すると同時に久留米高校は「都立高校改革推進第二次計画」の対象校とされ、統廃合の嵐にさらされた。それから四年後、定年退職を控え、最後の卒業式を迎える半年前、二〇〇三年一〇月、その卒業式では「日の丸に向かって起立し、国歌を斉唱するよう」教職員に職務命令を出すようにとの、校長への職務命令を受けた。

まさに私の管理職時代は都立校改革と共にあり、人間讃歌を目指す教育とは逆方向の――憲法、教育基本法、子どもの権利条約を教育委員会方針から削除し、「校長は教育者ではない、経営者である」という石原都政下の教育の「破壊的改革」の渦中で苦しみ抜いてきたのである。

にもかかわらず知事は、「都立高校は決して良くなっていません」と、自らの教育政策の失敗を吐露したに等しい発言をした上、さらにこれから「破壊的な教育改革を議論し、発信していく」と言うのである。このような再度の「教育の破壊的改革」を、私はどうしても許すわけにはいかない。

私が最も恐れるのは、若い世代の教師たちが今の東京の教育が「普通」であり、それが「当たり前」と受け取ってしまうことであり、「改革」を経験してきたベテランの教師たちが疲弊と閉塞の中で「諦めてしまう」ことである。私たち教師が、「もっとこうだったらいいのに」というリアルな現実認識と、そこからの未来への希望を失ったら、教育が教育でなくなってしまうのだと思う。

そこで、教育委員会から直接指導を受けてきた者として、この東京の「教育改革」の内実を振り返り検証し直してみた。できるだけ率直に、ありのままを語ったつもりである。この中から、現在日々苦闘している校長をはじめ教職員の皆さん、そして教育に関わる全ての方々が教育の再生に少しでも希望を見出していただけたらと願っている。

✻——もくじ

第V章　悩み多き校長、されど希望を

章扉イラスト――渡部 謙一
装丁・商業デザインセンター――増田 絵里

第Ⅰ章　裏切られた統廃合

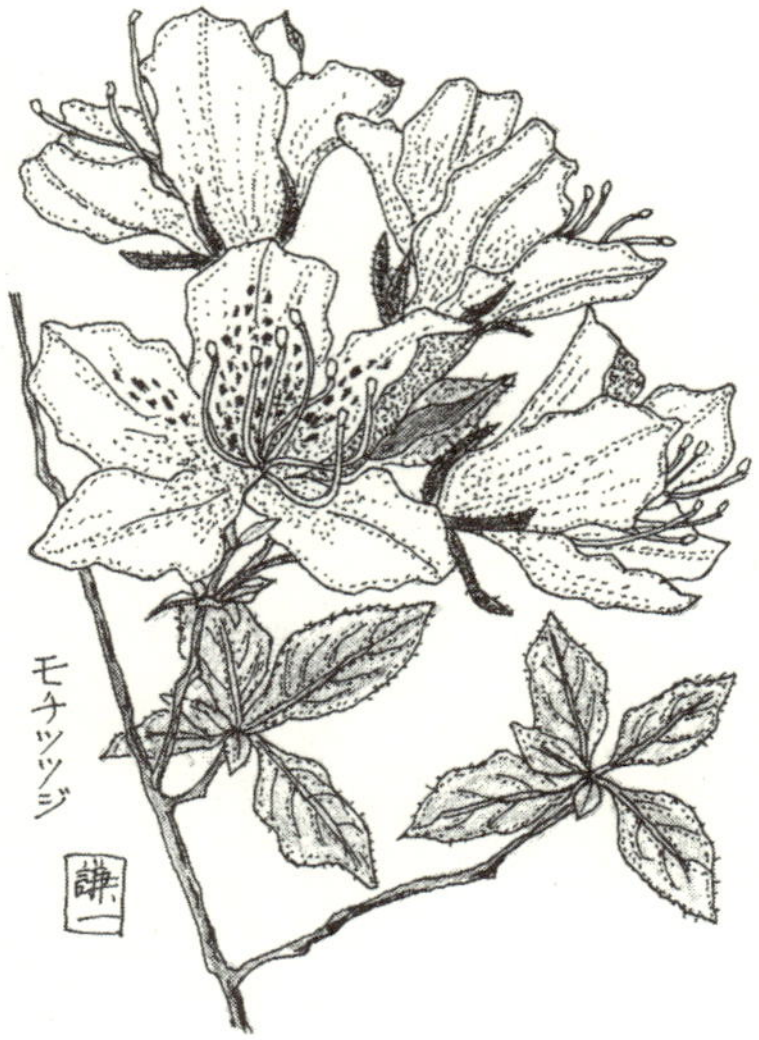

1　東京の「教育改革」のはじまり

(1) 教頭として心がけた三つの事柄

一九九五年、私は都立千歳丘高校の教頭として赴任した。赴任するとき、私に教頭試験受験を勧めた前々任校の教頭で、当時校長になっていた恩師ともいうべき先生が、親戚の書家に書いてもらったものだという色紙を贈ってくれた。そこには、

「職業に貴賤はないと思うけど　生き方に貴賤はありますよね　――永六輔」

とあった。そして、「教頭や校長は、一番嫌いな人を好きにならなければやっていけないよ」と言われた。その恩師がどういう意味でこの言葉を私に贈ってくれたのかは分らないが、そのとき私は、どういう立場になろうとも、公務員としての「教員」ではなく、「教育者」に近づける生き方を貫こうと決意させられた。(振り返れば、その後の私は東京の「教育改革」に翻弄され、それとはほど遠い生き方をしてきたことになるのだが。)

そんな中、赴任校で私が最初に違和感を覚えたのは、先生方が校長や私を「管理職」と言うことだった。それまでの職場ではみな「校長先生、教頭先生」、あるいはもっと親しみがあれば「校長さん、教頭さん」と言っていた。私自身、校長・教頭に対して「管理職」という意識はもたなかった。当時は赴任校でもほぼ全員組合員であったし、そういう意識の強い学校であったからかもしれない。しかし私は校長・教頭と教職員の関係のあり方に時代の変化を感じさせられた。

もうひとつは、赴任してすぐ、ある教師が私に、「教頭はやっぱり肉体派管理職ですか」と言ってきたことである。さすがに私はむっとしたが、そのときはその意味がつかめなかった。

考えてみれば、私の前任者もそうであったようだが、特に教頭は教師の前面に立って「校長の意を受けて指示・命令して教師たちを動かす役目」と受け取られていたようである。「肉体派」と言った教師は教育論からではなく、上からの指示・命令で動かすやり方を言ったのだろう。そういう傾向が強まっていたことも事実である。

私は、最初のそうした違和感の中で、恩師の言葉を噛み締めさせられ、いくつかのことを心がけてきた。

一つは、日常的に全教職員と言葉を交わすこと、話をすること。そして行政の言葉ではなく教育論を交わすこと。

二つに、当時教師は各教科ごとの教科室に分かれていたが、用事のあるときは教師を決して呼びつけない。自分から教師の所に出向く。また、教師が私の所に来たときは必ず自分も立って話をする。

三つに、隔週の職員会議ごとに校長の指示や教育委員会からの指導・連絡等を「校務連絡」として文書で出した。自分の言ったことには後にまで責任をとるためである。これには毎回「学校歳時記」なるものを載せたが、そのため か何人もの先生が「校務連絡はみんなとってあります」と言ってくれたのが励みになった。

さらには、私は教頭としては全く無力だった。それを充分自覚していた。

私は、教頭になるについての必須の校務分掌である教務部を一度も経験していない希な教頭で(というより、なり手のない生活指導部ばかりで、経験させてもらえなかった)、時間割作成や教師の時数編成等教務の実務や事務室の仕事の内実に全く疎かった。したがって先生方や事務職員に教えてもらうしかない。自分から指示する力などない。分からないことを素直に出し、何でも教えてもらいながらやってきた。だからいつも教職員と一緒に仕事をしてきた。

さらに、誤解を恐れずに言えば、校長は教頭が育てるという実感である。校長室にこもる校長が全教職員について、また全生徒について親について、一から一〇まで分かっているわけではない。日常的に接しているのは教頭である。教頭がどうとらえ、どう校長に報告・進言するかによって校長の意は違ってくる。校長は教頭から育てられるのである。

最初に誓ったこのような姿勢は、校長になっても変わらずに貫いた。

(2)『都立高校白書』の衝撃

私が教頭に赴任した一九九五年、東京都では、都立高校改革の第一歩として、『新しく生まれ変わる都立高校――都立高校白書』が発表された。都道府県レベルでは初の高校白書であった。この白書を発行した理由は、当時の『広報 東京都』でも、都議会文教委員会でも、都民に「都立高校のありのままの姿を示すことにより、都立高校が抱える課題についての理解を深めていただき、率直なご意見をいただく契機とするため」と説明している。

「都立高校が抱える課題」とは、「都立高校に学ぶ生徒は極めて多様化しており、また、今後も生徒数は長期的かつ大幅な減少」が予定されるとして、まず第一にあげているのが「生徒の多様化」である。

この多様化とは、高校進学率九六%のもとで、「生徒の能力・特性、興味・関心、進路希望等が多様になっている」として、「教科によっては、中学の学力を備えていない生徒」「五〇分間椅子に座っていられない、時間を守れない生徒がいる」「問題行動や中途退学に至る生徒」等々「深刻な現状」を挙げている。

さらに「都立高校が抱える課題」のもう一つが「生徒減」だとして、ここでは具体的数字を表で挙げている。一九八六年、中学卒業生は一五万七千人、それが九四年には一〇万人、二〇〇八年には六万七千人と九万人減になり「都立高校が過剰」になるとしているのである。

このニュースは、新聞に「都立高校過剰時代がやってくる」という見出しで報道され、都民、とりわけ教育関係者に大きな衝撃を与えた。しかし私は、第二次ベビーブームに向けての一九七〇年代からの高校増設運動にささやかながら関わってきた者として、「都立高校が過剰」になるという、この数字のまやかしを許せない。

第一に、この数字は中卒者の受入れ数、一校の学級規模、四〇人学級定数、学校施設等をそのままにした数字である。「過剰」になるならそのときこそ、中卒者で高校進学を希望する生徒はみな受け入れ、学級規模・学級定数を減らし、余った教室を学校施設の充実にするなど、教育条件の充実を図ればよいのである。

第二に、この数字そのものが策略的なもので、二〇〇八年以後は急激な生徒増となり、「都立高校不足時代」になることを伏せたものだった。二〇〇九年には、そのことを校長にだけ「今後の都内公立中学校卒業者数の増加に伴う臨時学級増について」で突然通知し、二〇一六年度には、〇八年より二四八学級もの増学級が必要となるとして、各学校に増学級を押しつけたのである。まさに次に述べる目的をつくり出すための作為的数字だった。

さらに多様化についても、そこには生徒らのこの「深刻な状況」がどこから生まれているのかという、社会的状況、教育施策の動向等、具体的分析は全くない。私はこの「能力・特性、興味・関心、進路希望」の「多様化」という言葉が嫌いである。もともと昔から人間は一人ひとりみな違うのであって、だからその違う一人ひとりをみな大事にした教育をしていくのが教師や教育行政の役割ではないか。

『都立高校白書』は、この「生徒の多様化」「生徒減」を理由として、都立高校を「統廃合」し、「中学生や保護者のニーズに応え、『選ばれる学校』となるよう、魅力ある学校づくりに努める」必要があるとして、「総合学科高校や単位制高校など新しいタイプの高校の設置、普通科高校におけるコースの設置、専門高校における学科改善」等の「学校の個性化・特色化」をすすめるという、政略的な「改革」の宣言であった。

これを受けて、九七年九月には『都立高校改革推進計画』（第一次実施計画）が出され、具体的改革が始まるのである。

その実態は「『都立高校改革推進計画』とはどういうものか」以降（37頁～）で述べる通りである。

(3) 教頭の仕事・教科課程編成とその裏側

こういった中で、私の教頭としての任務が始まったのだが、最初の仕事で驚かされた。教頭の大きな仕事の一つは、新年度に向けて都教委に提出する教育課程の届け出の作成である。その中には、全教師の受け持ち教科・科目とその時数を編成した「教科課程」の届け出がある。この教科課程に基づいて講師時数獲得の交渉を行うのである。正直に言えば、それまでは、この時数をいかに多くとってくるかが教頭の力量とされていたのである。

しかし、前述したように、私はそういう実務能力に全く疎かった。だから逆に、水増し請求する力などなかったし（後述）、また、教師の服務加重について教育委員会に対して大いに批判を持ちながらも、〝労働者の誇り〟という視点を欠いた教師の服務のあり方にも以前から疑義を唱えていた。

この教科課程編成は赴任時はすでに済んでおり、私の仕事ではなかったが、次年度に向けての編成では正直驚いた。教務部が編成してきた時数編成は実態とは大きくかけ離れたものだった。これを是正するには教師たちと大きな確執になることを覚悟しなければならない。しかし幸いなことに、教職員の私に対する敵対的な見方は一年経過する中でなくなっていたことと、当時の教務主任は教職員組合の執行部経験者で、機を見る目をもった教育的力量のある教師だった。彼が、「もうそんなごまかしが通る時代ではない、私が先生方を説得するから」と言ってくれ、今までの不適正を是正することができた。

新宿高校問題が起きたのはその翌年であった。

2　改革の最初の洗礼・新宿高校問題

(1) 社会的に糾弾された「水増し請求問題」

一九九七年九月、新宿高校での習熟度別授業教員加配に係わる水増し請求が問題化し、全都立高校を揺るがし、私自身も大きな衝撃を受けた。

習熟度別授業教員加配というのは、特定の教科について一学級の生徒を習熟度に応じて二学級に編成して授業を行うため、その増時数分の講師等の加配を受けるというものである。しかし実際には習熟度別授業は行わず、その講師時数の加配を専任教師の時数軽減に当て、教育庁に届け出た教科課程とは異なる時間表を作成して運用していたという問題である。そしてそれは、単に習熟度別授業だけでなく、例えば選択科目を水増しするなど、総授業時数を上乗せして請求し加配を受けるなど、全都立高校の体質として問題視されたものである。

教育庁は直ちに二度にわたる臨時校長会を招集して、時間割表の提出、校長・教頭の事情聴取を行ったが、その間、Y新聞が夕刊社会面トップで「都立新宿高校で習熟度別加配教員をめぐる不適切な扱い」として報道すると、他の各紙も、「不正教員配置」「増員受けながら習熟度別授業行わず」「新宿高校が虚偽報告」など、教員の「不正問題」として大々的に報じ、社会的に糾弾された。

さらには、都教委は提出された公文書や事情聴取は信頼できないとして、年が明けると教育庁の課長・係長級ら百名による各校への抜き打ち調査が入り、事務室にある実際の時間割表が収集された。

四カ月半後、調査結果が公表された。全都立高校二〇八校中、習熟度別授業を行っていることになっているのは一七〇校。その内、計画通り実施しているのは一〇〇校で、全く行っていなかったのが八校、他は縮小して行っていた。また、総授業時数を水増し請求して講師時数をもらい、それを専任教員の持ち時間減に当てていたのが七〇校。この結果に基づいて二度にわたる校長・教頭の処分が行われ、減給四名、戒告一六名、文書訓告五七名、口頭注意一〇八名、計一八五名もの大量処分が行われた。

(2) 現場の弱点が「改革」への端緒に

この問題に関しては、前述した経過のように、私の教頭としての無能さが幸いして救われた。しかし、私がここで衝撃を受けたことの一つは、この問題の発端が同校現職教員の内部告発によるものであるということである。都庁内部の東京都学校問題研究会編著『東京都の学校改革』(都政新報社／1999年)によれば、それは、「都立新宿高校では教育庁に報告している教科課程と異なる時間表を作成し、不正に運用している。これは税金の不適切な使用である」「英語科において、建前上は習熟度別授業をやっていることになっているが一度もやったことはない。他の教科についても同様である」という趣旨の、氏名を明らかにした投書であった。

その後、教員の出退勤時間、禁止されている車通勤など服務問題をはじめ、学校運営の「不適正」問題が事務職員などを含め、「内部告発」という形で表面化されていくことを私も経験してきた。それは私が問題にし続けてきた、『教員集団』ではなく、学校で働く全職種の人たちでの『全教職員集団』の、教育の道理と原則に基づく納得による学校運営の合意形成」ということが改めて問われたからである(これまでの学校運営は、ともすれば教師中心主義の傾向があった)。

さらに、この問題はそれまでの教育委員会をも含め行政からの、校長を含めた教職員不信をつくったということ。そのことは教職員や教職員組合も、勤務のあり方をはじめ、父母・地域との関係、さらには学校内の行政職員との関係も含め、多くの弱点を抱えていたということである。その後の東京の「教育改革」は、その私たちの弱点をつかれて進められたという感をぬぐえない。

新宿高校問題はこの都立高校「改革」の端緒となった出来事で、それだけに、今振り返ってみれば、この問題はその後の東京の「教育改革」の性格を決定していったように思う。この問題の調査結果発表と同時に出された教育長コメントでは、

「このような不適正な取扱いが行われてきた背景には、都立高校が閉ざされていることに起因する教職員の意識と都民感覚のズレ、校長等の学校管理職が適切にリーダーシップを発揮できない特異な職場環境が指摘されますが、同時に都立高校のこのような状態を改善すべく適切に指導できなかった教育委員会の責任を痛感するものであります」

とある。ここに東京都の以後の「改革」の方向が示されていた（注1）。

〔注1〕＝その一として、「学校の常識は社会の非常識」という批判から「開かれた学校」へという言葉を使っての、（生徒・父母・地域・教職員の参加と共同による学校づくりとは反対の）学校・教職員を監視・管理するシステム改革が進行していく。その二は、全教職員の協議のもとに校長が決定して運営されてきた学校運営を「特異な職場環境」だとして、「校長の権限、決定権、リーダーシップ」を強化し、教職員の協議を否定していくことになる。その三は、「指導できなかっ

た教育委員会の責任を痛感」した教育委員会は、学校に対する「指導・助言」の関係を「強制と命令」に変えていくのである。

3　曲がり角の久留米高校へ

(1) 二次募集校に陥っていた久留米高校

一九九九年四月、私は都立久留米《くるめ》高校校長として赴任した。石原都政発足と同時であった。久留米高校は埼玉県に隣接する東久留米市にある、全日制が一九六五年、定時制が翌年創立の全定併設の普通科高校である。最寄り駅は池袋から秩父《ちちぶ》を結ぶ西武池袋線の清瀬駅であるが、在職当時、人口七万人弱の市の中に互いに歩いていける距離の範囲に三つの都立普通科高校があった。

私は久留米高校について全く事前知識をもっていなかったが、定年まで二年を残すだけの前校長との引き継ぎで言われたのは、良くも悪くもサッカー学校であること、体育系の高校に改革を目指していることの二つであった。そのことは赴任して初めて理解できた。

久留米高校は生徒が実に生き生きと躍動している学校という印象であったが、それは全・定共に部活動が盛んであるという点からきている。とりわけサッカーは、全日制では一九九〇年には都立二八年ぶりに関東大会に出場、九二年には都立四〇年ぶりの全国大会出場、〇六年にも二回目の全国大会出場という実績をもち、男子サッカー部員は一七〇名前後で男子の半数近くにもなる。全都からサッカーを目指して生徒がやって来るという学校であった。

また定時制サッカー部は、私の在任中だけでも二〇〇一年全国大会三位、〇二年関東大会優勝、〇三年三回目の全国大会出場という実績をもつ。

しかし、私の赴任時までの四年間で半数以上の教師が入れ替わり、「良くも悪くも」サッカーを中心とした部活動主導の活動の中で、今まで積み上げてきた久留米高校の優れた教育実践が空洞化されつつあり、その中で一部生徒の「崩れ」が顕在化していた。

サッカーを目指して入学してもそこから脱落した生徒が目標を失い、さまざまな問題を起こす。遅刻、早退、茶髪、教師への暴言等目に余るものがあった。私の赴任前年度の全日制の転学、退学、留年は計三二人（3・7％）あり、一次募集では生徒が埋まらず、二次募集にまで追い込まれていた。事実、私が赴任時に挨拶で回った地元中学校の校長の話でも余り評判のいいものではなかった。

私は先ず、この生徒の状況下で、前校長は体育系への改編を申し出ていたこともあり、都立普通科高校三校が近接するもとでは、何らかの改革対象校にされるのではないかという危惧をもった。

まさに久留米高校は創設以来の曲がり角にあったのだった。

(2) 校長としての基本姿勢

私はこの久留米高校に赴任し、職員会議での挨拶で三つのことを述べた。

一、今、都立学校改革では「学校の特色化」ということが一つのスローガンになっているが、私はどの学校でもそれぞれの歴史をもち、それぞれの特色をもっていると考えている。この久留米高校も先輩教師たちが三〇数年にわたって努力し、積み上げてきた教育実践の歴史をもっている。私は何よりも先ず、この久留米高校の今までの努力の過程を大事にし、それらをさらに深め、みんなのものにし、より発展させたいと思っている。

二、私は校長として赴任したが、それは教育理論や実践とは別の論理からであることを実感もし、承知している。先生方の中には私などよりその点でもずっと優れている方が大勢いることだろうと思う。私は、先生方の日々の実践を少しでも応援し、励ませるよう努力したいと思っている。

三、この間の教育改革の中で、教育委員会→校長→教職員という権限の垂直化が強まっているが、私は教育に強制はなじまないと考えている。何より全教職員が生徒と真正面から向き合う中で、自由な教育論議を深め、合意と納得をつくることを大事にしたいと考える。全教職員の「協働」こそ教育活動の根幹だと考えている。

赴任当時、右に述べたような久留米高校の実態を正確に把握していたわけではなく、私の基本的な考えを述べたに過ぎないが、それは学校の状況がどうであろうと変わらないというのが私の姿勢である。

学校づくりで大事なことは、学校の「経営化」に向けて「校長が代われば学校が変わる」ことではなく、生徒・教師・親・地域が一体となって、今まで積み上げてきた久留米高校の学校づくり・教育実践を再度確認し合い、検証し直し、それを目の前の生徒をとらえ合うなかで、さらにどう充実・発展させていくかであると、私は考えていた。私にできることは、方針を出し指導することなどではなく、個々の教師が、また各分野で日々行っている教育活動を学校全体のなかに位置づけ、全教職員のものにし、それを支え励ましていくことだけである。だから、私がやってきたことは新たにつくり出したのではなく、この久留米高校の今までの取り組みを大事にしてきたに過ぎない。

(3) 「校務連絡」と「校長室より『久留米』」の発行

赴任するや生徒の喫煙問題が起こり、生活指導部と当該学年でその生徒の指導についての会議がもたれた。

そこで私は、単にその生徒個人の処分に終わらせず、その生徒を通して見えた喫煙問題を全生徒に投げかけていく必要があるのではないかと、一例として教諭時代の経験を基に、「生活指導部より――ヤニだらけの青春はカッコいいか？―学校から喫煙を一掃しよう」という生活指導部からの生徒への訴えを出したらどうかという提案をした。その中で規則としてではなく、喫煙の風潮から抜け出すことを強く訴え続けたクラークの話を紹介し、「Be gentleman!」という言葉も引用した。それに対して学年主任から、

「校長がいちいち生徒の指導について指図するのはおかしい。第一英語のスペルが間違っている。訴えたいなら校長として勝手にやればいい」

と反発された。確かに「gentlmen」と間違っていた。私は先ず、校長・教頭と先生方との関係を思い知らされた。しかしそれは私にとっては逆に願ってもないチャンスだった。それならば勝手にやらせてもらいますと、教頭時代の経験そのままに職員会議時には「校務連絡」を出した。そこでは、「責任をもつ、課題を提示する、知らせる、広める、教育論議を引き出す、一致点をつくり出す」ことを目指し、教育委員会からの指示・指導・連絡等当面の課題、それらについての私の考え、参考資料などを書いた。

特に教育委員会からの指示・連絡等については包み隠さず知らせて都教委に責任を持たせたかったし、自分の考えについては必ず文書にして責任を持つようにした。事実、この「校務連絡」は、

後に入学式・卒業式等における「日の丸・君が代」問題の人事委員会審理や裁判で私が証言に立ち都教委とやり合ったとき、都教委が「そんなことは言ってない」「指導してない」など言い逃れに終始したとき大いに役立った。

また、これも教頭時代と同じく、この「校務連絡」には最後の頁に必ず「学校歳時記」を載せた。何人もの先生方が「歳時記を楽しみにしています」と言ってくれたのが励みになった。

さらに、教職員にはもちろんだが、生徒・保護者・地域の中学校に向けて「校長室より『久留米』」を月刊で発行した。何のために出したのか。第一に、日々行っている教職員の実践を意味づけし、個人のものから全体に広め、励ますために。私は校長のリーダーシップとは、教育委員会の言うような指示・命令することではなく、実際に毎日生徒たちと苦闘している先生方をどう励ましていけるかということにあると考えている。

第二に、学校づくりのスローガンの一つに「実践で外に打って出る学校づくりをしよう」ということを提起したが、学校の教育活動を地域だけでなく教育委員会に見せることが必要だと考えた。そのことなしに次項で述べる統廃合の対象になったことを跳ね返す力にはならないと考えたからである。

これは色上質紙B四判袋とじで四〜一二頁仕立てである。久留米高校は全日制・定時制併設校である。その全・定共、全て私が自分で編集、全生徒・教職員・地域中学校分を印刷し配った。とは

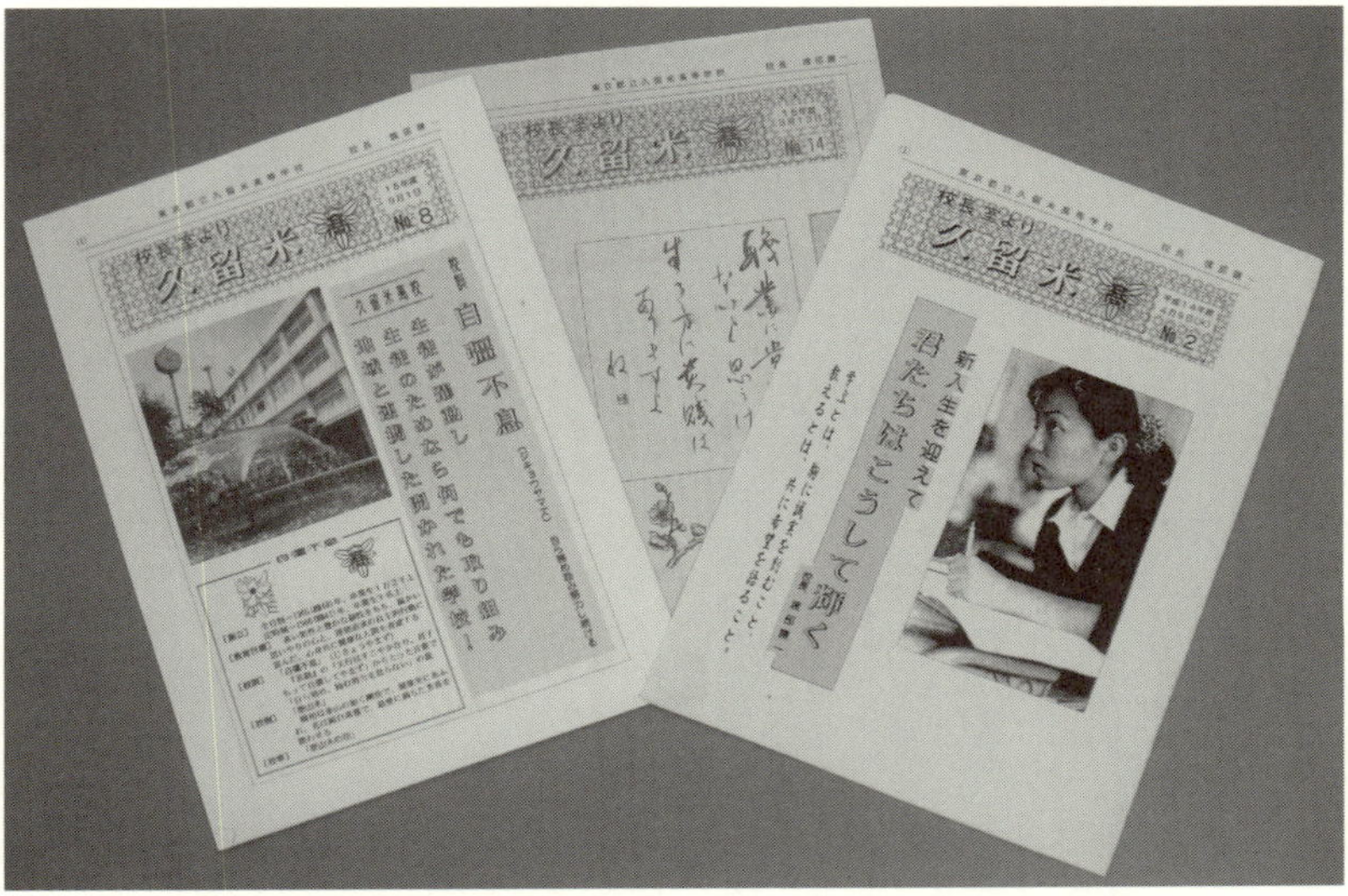

自ら編集・印刷して全校生徒、教職員、地域の中学校に配った
「校長室より『久留米』」

言っても、全・定ともに赴任時の教頭が生徒を第一にする学校愛にあふれた「教師」であり、教職員をはじめ生徒、親の具体的な活動の情報や原稿を集めてくれた。私は「開かれた校長室」を掲げていくつかの工夫はしたが、校長室の中からでは生徒・教師・親の姿は何も見えない。

　この通信で例えば、入学前の入学生と保護者を集めた入学準備会（新入生招集日）では、「新入生を迎えるにあたって＝団体券を手放し、個人切符を手にした君たちへ」と題して、高校生活への期待を書いて渡した。入学式には「新入生を迎えて＝君たちはこうして輝く」として、高校生活の意義を一〇点にわたって書いた。

　また、私が校長最後の年になった二〇〇三年度の全日制第八号を例に挙げれば、一二頁だてで次のような内容だった。

生徒が躍動し、生徒のためなら何でも取り組む、地域と連携した開かれた学校

◆生徒が語る久留米高校「一緒に充実した高校生活を！」（生徒会長）

◆先生が語る久留米高校「私立高校から久留米高校に来て」（英語科新任教諭）

◆特色ある授業・進路指導「地理―留学生が先生」「選択体育―ゴルフ」「生き方を育む進路指導―大学の先生の出前授業」「現役進路状況」

◆地域に広げ地域に支えられた部活動

「スポーツ文化の発信校―多様なスポーツ講習会」「都立運動部活動推進重点校―部活動参加率88％」「3年連続全国高等学校総合文化祭東京代表―生物部、写真部」「都立の星―サッカー」

◆他人との違いを自分の持ち味にし、出番を作る学校行事

「先輩より―久留米でやさしさを学ぼう」「生徒からの紹介―合唱コンクール・文化祭・体育祭・修学旅行」「親からの手紙―体育祭での素晴らしい生徒との出会い」

◆地域に根ざし、地域と共に歩む学校

「日本教育新聞の記事より―東京都立久留米高校生徒自ら『開かれた学校』づくり生物部の生徒たち、日ごろの研さん生かし幼・小・中などと地域交流」「幼稚園から大学までと地域を結んだ各部の活動紹介」

◆14年度「学校評価より」
◆公開講座案内

ここには、ひと言で言えば、「生徒が躍動し、生徒のためなら何でも取り組み、地域と連携した開かれた学校！」という久留米高校の姿がある。私はこの言葉を、「校長室より『久留米』」の学校案内版の表題にしたが、これは宣伝文句ではなく、創設以来作り上げてきた久留米高校の教育活動の確認である。

二次募集校に転落し、存在意義を失いかけていた久留米高校を蘇らせ、元気を取り戻すには、校長が新しく指導性を発揮することなどではなく、今まで積み上げてきたにもかかわらず、個々人の実践に閉じこもり、その教育的意義を見失いがちになっていた、その取り組みの「意義を全体の中で再確認」し、学校としての「教育活動全体の中に位置づける」ことが大事であると考えてきた。

(4) 久留米高校問題連絡協議会の設置

「みんなの、みんなによる、みんなのための学校づくり」のための一つの取り組みとして、赴任早々、校長、教頭、事務長、教師代表、ＰＴＡ、同窓会、市教委、近接中学校長、地域代表（商店会役員）からなる「久留米高校問題連絡協議会」を設置した。ここに、私が主張していた「生徒」が抜けていたことに気づいたのは設置が決まった後で、最大の失態であった。

この協議会に学校の取り組みや抱える問題を率直に出し、学校に対する批判・要望を受けながら、意見交換をし、真に開かれた参加と共同による学校づくりを目指した。その後、久留米高校は次項で述べる「改革」対象校になったが、これに対してもこの会を中心に取り組むことになる。

また、二〇〇二年より都教委は、校長が選任する各層外部委員を加え、学校評価も行う「学校運営連絡協議会」の設置を全校に義務づけたが、久留米高校ではこの会が都教委の押しつけではない、学校自らの「学校運営連絡協議会」になった。

4　都立高校改革推進実施計画の対象校に

(1) 久留米高校が直面する課題

前述したように、前校長との引き継ぎで言われたのは、久留米高校が創立以来一度も改築をしておらず校舎改築が緊急な問題であること。良くも悪くもサッカー学校であること。また、そのサッカー活動から脱落した一部生徒の指導上の問題も生じていること。そこから、入試では一次募集だけでは埋まらない二次募集校になってしまったこと。したがって、校舎改築に合わせてスポーツ系学科校への改革を申し出ている、ということであった。

私が赴任するとすぐ教育委員会の改革担当課長が学校訪問に来た。そこで言われたことは、この、前校長が言ったことのおさらいの上に、したがって「何らかの改革の対象になる」ということだった。そのことは計画が示されるまで校長止まりで、絶対に教職員等に言ってはならないと口止めされた。

私は、前校長の改革の申し出は当然教職員の合意の上でのことだと思っていたし、まさか他校との統廃合になるとは思ってもみなかったので、改革担当課長の訪問を受けて、改革を押しつけられるのではなく、学校自ら改革に打って出なければならないと覚悟した。

そこで前述した「久留米高校問題連絡協議会」「校務連絡」「校長室より『久留米』」等の取り組みから始めたわけである。五月の「校務連絡」では学校自ら改革に打って出ようとして、次のように提起した。柱だけ示せば次のようなものである。

1、緊急な校舎改築

①全・定とも職員室が狭く、資料置き場もなく、執務場所も限界。

②完全分煙化できず、休憩室もとれない。
③会議室もない（パソコン室で会議）。
④定時制では給食室に全生徒が座れない（時間を分けて給食）。
⑤教室数がなく、選択講座や少人数授業等、多様な教育課程が組めない。

2、本校の教育課題

①生徒募集への対応―中学生・地域に魅力ある新たな学校づくり。
②地域から信頼される生活指導への取り組み。
③進路志望の実現と新教育課程づくり。
④真に開かれた学校づくり。
⑤地域社会と連携した部活動を中心とした特色ある学校づくり。

3、どんな学校にしていくか

①全ての生徒に「共通学力」をつけることを目指す学校。
②生徒一人ひとりを大事にした、一人ひとりの持ち味を生かし、「人間らしく生きる力」をつける学校。
③教科学力と生きる力を結びつける「普通教育と専門教育を結びつけた教育」をする学校。
④ホームルーム活動・生徒会活動・学校行事・部活動等「生徒の自主的・自治的活動を重視」

し、生徒の「自立」を目指す学校。

⑤一人ひとりの生徒の「生き方を目指す進路指導」と「進路希望の実現」を目指す学校。

(2) 一方的に言い渡された統廃合

こうして学校自ら改革に歩み出そうとしているときだった。六月二九日に突然、教育委員会に呼び出された。ちなみに、教育委員会は校長を呼び出すとき決して用件を言わない。行ってみなければ何のことだか分からないのである。そして「都立高校改革推進計画―第二次適正化実施計画（案）」が示された。そこで、二〇〇七年度に隣接市の清瀬北高校と統廃合され、久留米高校敷地に全定併置の「総合学科高校」を設置することを一方的に言い渡された。

そしてその最大の理由として、「各学区に総合学科高校を設置する」ことになっているが、「久留米高校校舎が老朽化し、改築しなければならないこと」をあげていた。しかしこれがいかにまやかしであったかは、最終的な実施計画の中では改築はしないで補強工事だけで済ませてしまうことになることでも明らかになる。

前述のように何らかの改革の必要性は覚悟していたものの、「統廃合」の対象にされるとは私の中にも、教職員の意識の中にも全くない心外なものだった。

「統廃合」とは、一つの学校が他方の学校に統合されるものではない。二つの学校を全く対等な立場にするために、両方の学校を条例上いったん廃校とし、一～二年の間空白にしてから新しい別の学校として新設するのである。したがって、教師は全員他校に異動しなければならず、新設校への勤務の継続はできないし、両校の教育活動・歴史の継承はできない。実態は二つの学校を廃校にすることなのである。

この案を持ち帰り、その日の夕方に臨時職員会議を開いて報告した。私と一緒に赴任し、それまでの久留米高校の経過を知らない教師が激昂し、

「突然こんな案を示すはずがない。校長は前から教育委員会と合意していたのではないか。前任校でもそうだったが、校長はいつも私たちには秘密裏にことを進めて、決定だけを押しつけるのは許せない」

と私に迫った。そのとき、私も思わずカーッとなった。私が五年間の久留米高校長時代を通じて激昂したのはこのときだけである。決してそうしたやり方はしてはならないと思っている私の教育信条と正反対の人間として非難されたからである。

私は改めて自分の教育観と事実経過を説明し、その教師も直ぐに納得してくれた。そのことが逆に、私も含めて全教職員で阻止していこうという決意をつくった。

私は校長としての久留米高校での五年間、教職員と大してもめたこともなかったし、教育活動で

苦労させられたという思いはなかった。教職員組合と激しく対立したことも一度もなかった。教職生活の最後を久留米高校で過ごせたことを幸いだったと感じさせられてきた。しかし急激な教育改革の渦中にあったが、その中で自分の教育観と対峙して苦悩したことは、この「学校改革」問題と「教員評価」、最後の年の卒業式に向けての「日の丸・君が代に係わる職務命令問題」の三つだった。

(3)「都立高校改革推進計画」とはどういうものか

一九九五年の『都立高校白書』を受けての九七年『都立高校改革推進計画』(第一次実施計画)、そして久留米高校が対象とされた九九年の『第二次実施計画』、さらに二〇〇二年の『新たな実施計画』の内容は「生徒の減少」「生徒の多様化」を理由として、高校制度そのものを「多様化して再編」し、「統廃合」して「学校の個性化・特色化」を図るというものである。

計画発表時の都立高校全日制課程は、都立普通科一五三校、職業学科五二校(商業19、工業27、農業6)、芸術一、国際一、総合学科一の計二〇八校だった。定時制課程は、学年制の普通科六二校、職業学科三九校(商業16、工業17、農業5、併合科1)、単位制普通科二校の計一〇三校だった。それを計画完成の二〇一一年度には、全日制が一八〇校に、定時制は五五校にと統廃合され、しかも制度そのものを大きく解体・再編するというものである。これによって都立高校は――

①「進学校」（進学指導重点校＝7校、進学重視型単位制高校＝3校、中高一貫教育校＝10校）
②「中堅校」（中堅進学校、中位の中堅校、生徒指導に負担の多い中堅校）
③「教育課題校」

の三タイプに格差付けして改編し、さらにそれぞれを細かく格差付けしている。それは、難関国立大への進学指導を中心とする「進学指導重点校」から、教育委員自身が「落ちこぼれの学校とはっきり言えばいい」「エリートコースがあるのなら、ノンエリートがあってもいい」（鳥海教育委員『毎日新聞』02年7月8日）と公言する「教育課題校」まで、驚くべき格差付けである。

さらにその校種たるや、

■「エンカレッジスクール」（入試は筆記なし、定期考査なし、二人担任制、30分授業等）
■「チャレンジスクール」（不登校や中途退学経験者を受け入れる昼夜間三部制単位制）
■「アドバンスト・テクニカル・ハイスクール」（理工系大学進学のスペシャリスト型、技術資格取得のテクニカル型、職人育成のマイスター型の工業高校）
■「リーディング・コマーシャル・ハイスクール」（産業界の第一線で活躍できる商業知識・技術を身につける、上級学校でスペシャリストを目指す）
■「ビジネスコミュニケーション」（進学型専門高校）
■「デュアルシステム」（一定期間企業で職業訓練をし、実践的技術・技能を身につける）

といったように、中学生や父母のみならず、中学校の進路担当の教師でさえ「今の都立高校の校種や学科は、何がどうなっているのか全く理解できない」というほどにカタカナでその本質を曖昧にし、複雑極まりないものに解体再編されてしまった。

私は日頃「愛国心」を強制する教育委員会のこの命名に苦笑せざるを得ない。それは、前記教育委員が言うように、エリート校からノンエリート校までの「学力」による完全な振り分けのみならず、「人格の完成」という教育の本質そのものを解体するものである。

また、教育基本法改悪を前にして、『東京新聞・こちら特報部』では、「教基法の改正『機会均等』に暗雲」として特集を組んでいる（04年7月29日）。そこでは「『人格』より『人材』づくり」「財界『海外競争に勝つエリート育成』を」「『勝ち組』のための教育推進」などという見出しで、三浦朱門元教育課程審議会会長の次の言葉を紹介しているが、そこには東京の「教育改革」の行き着く先が示されている。

《(戦後教育で）おちこぼれの底辺をあげることにばかり注いできた努力を、できる者を限りなく伸ばすことに振り向ける。百人に一人でいい、やがて彼らが国を引っ張っていきます。限りなく非才、無才には、せめて実直な精神だけを養っておいてもらえればいいんです。》

さらにその改革の進め方は、学校現場の意見も、保護者や地域の声も全く聞かず、それらを無視して一方的・強権的に進められたのである。

(4) 地域ぐるみの反対運動に

この統廃合案を押しとどめるには、運動としては、対象となった清瀬北高と歩調を合わせて取り組むこと、学校関係者だけではなく、地域ぐるみの声にしていくことが大事である。同時に、私は久留米高校の教育活動の実績を高めることこそが廃校にさせない最大の力になると考えていた。そして私の役割は、その教育実績を地域の声にまで広げ、それをもって教育委員会と絶えず交渉し続けることだった。

案が提示されると「校長室より『久留米』」を作り、ＰＴＡ、同窓会、久留米高校問題連絡協議会、市教委への説明と要請を行った。また私は市内の全中学校長の意見を聞いて回った。全員が実績のある久留米高校をつぶすことには反対であり、改革したとしても普通科高校こそ中学生も親も望んでいるという意見だった。そしてすぐに、ＰＴＡ、ＰＴＡＯＢ会、同窓会、教職員、生徒会等の有志で「久留米高校を守る会」が結成され、東久留米市議会と都教育委員会への計画撤回、見直しの陳情・要請の署名活動等が取り組まれた。

生徒も動いた。生徒会は独自に校外に出て署名活動を行ったり、第二次計画に反対する全都集会に参加し、檀上から久留米高校での学校生活の素晴らしさ――生徒は「久留米高校ありがとう、久留米の先生方ありがとう」と言い、先生方は「夢をくれた卒業生ありがとう」と言って別れるすばらしい卒業式の様子などを語って、「久留米高校をつぶす何の理由もありません」と訴えた。

この間、校内でもＰＴＡ主催で二回、教職員対象に一回、教育委員会からの説明会がもたれた。いずれも計画に対する激しい批判が集中した。しかし、都教委の担当者は最後には、「みなさんのご意見は十分お聞きしました。ご批判もありますが、私たちの意はご理解いただけたものと思います」と言って締めくくってしまうのである。

この都教委の改革校担当者は一～二年でくるくる代わる。というよりあえて代える。初めの久留米高校の改革担当はＫ氏であった。温厚な紳士的な人で個人的にもよく話をした。彼は、こんな風に私に語ってくれた。

「それまで税務の仕事をしていて学校や教育のことは全く分かりません。今年度突然、教育庁の改革担当に異動させられ、課長から三冊の本を渡され、これを読んで三カ月で勉強しろと言われました。校長先生の言うことは本当によく分かります。しかし、私は上から言われたことをただその通りに言うしかないんです」

これが東京の「教育改革」のやり方なのだ。教育庁から学校上がりや教育の専門家に代えて、あえて学校現場の実態や教育にうとい行政マンを送り込む。学校現場の実態や教育に理解があっては「急激な改革」はできないからである。まさに「教育改革」ではなく「行政改革」であることを思い知らされた。

(5) 全都に広がった統廃合反対運動

こうした反対・見直しの要請行動の中で、東久留米市議会からは「計画を抜本的に見直し、統廃合を行わないこと」という都知事宛の意見書が提出された。しかし、学校関係・地域の圧倒的な見直しの声には一切耳をかさず、案が示されたわずか四カ月後の一〇月一四日の教育委員会で改革は正式決定されてしまった。

この統廃合計画は、九六年に『都立高校長期構想懇談会』が発足し、一年後にその答申『これからの都立高校のあり方について』が出されたのを受けてのものであった。この答申には座長（河野重雄東京家政学院大学学長）談話がセットで添えられていたが、その第一項で「改革の実施に当たっては、さまざまな形を工夫して、保護者、学校関係者、地域の意見などを幅広く聞く機会を持ち、関係者の理解のもとに施策を展開するよう努めること」を要望している。

しかし、久留米高校の総合学科高校への統廃合は、校長の意見はもちろん、教職員、生徒会、PTA、同窓会をはじめ、市議会の意見書、広汎な市民・市民団体がこぞって撤回・見直しの要望を上げる中で、それらの声を一切無視して実施されていったのである。

都立高校の統廃合に反対する東京都高等学校教職員組合のデモ（1997年７月11日）。

それは久留米高校だけの問題ではない。久留米高校が改革対象となった時点で、全日制二〇八校中四四校、定時制一〇三校中三一校が改革対象とされた。この中で単独改革は三校だけで、それも進学重視校と体育・福祉校であり、他は全て統廃合である。どの学校も改革を模索していたものの、統廃合を歓迎するような学校はない。当然、各校・各地域で大きな反対運動が起こった。

多くの学校では教師・ＰＴＡ・同窓会・地域ぐるみの「＊＊高校を守る会」がつくられた。生徒も加わった学校もあった。それが結集して学区毎の「＊＊学区都立高校を守る会」がつくられた。全都的には、「都立定時制高校を守る会」だけだったが（92年に都教委が定時制の統廃合を発表）、改革推進計画発表の一年後には各校・各地域の反対運動の代表者が集まって「第一回・都立高校のいまを考える集い」が開かれた。

現旧のＰＴＡ関係者も「高校の統廃合・改編を考える

「都立高校をつぶさないで！」と70名を越える高校生が次々壇上へ（1999年10月１日）。

会」を発足させた。そして「第二次実施計画案」が発表されると「都立高校のいまを考える全都連絡会」が発足した。一〇月一日にはこの会が主宰する都民集会が開かれ、七〇名以上の高校生が壇上に上がった。久留米高校の生徒も参加して前述したような発言をした。そして都教委へ、区市議会へ、都議会への要請・請願等を行ったが、都教委はそれらの一切の声も、計画の出発となった都立高校長期構想懇談会の座長談話も無視して計画を実行したのである。私は、学校は誰のための、誰のものなのかをつくづく考えさせられ、怒りが湧いた。

(6) 統廃合後の新設校に向けて構想を描く

計画の正式決定を受けて、教育委員会によって新学校の基本計画づくりのため、行政の部長、課長と校長、学区からの代表校長、地域の中学校長代表からなる「基本計画検討委員会」が立ち上げられた。さらに具体的内容の検討は、行政の課長と、教頭、事務長、教員五名、学区教頭代表からなる「専門部会」で行ってきた。それを受けて久留米高校内では、教師の委員を加えた「久留米高校基本計画検討専門部会」と、赴任してすぐつくったＰＴＡ、同窓会、地域代表、市教委、隣接中学校長、本校前任者代表からなる「久留米高校問題連絡協議会」で、私たちの側からの議論を重ねていった。

守る会の運動は統廃合中止に向けてさらに大きく続けられたが、東久留米サッカー協会、ＰＴＡ、同窓会、ＰＴＡＯＢ会、そして私からも正式な要望書を提出した。そこで共通した要望は次のことであった。

①校舎の全面改築を行うこと。
②久留米高校の教育実績、部活動を、地域組織を引き継げるよう、募集停止をしないこと。
③生徒の活動実績を落とさないよう学級減をしないこと。
④一人ひとりを大事にする定時制教育のさらなる充実を図ること。
⑤希望する指導者を新学校に引き継げるようにすること。
⑥ＰＴＡ、同窓会の継承を図ること。

ここに至って私は、校長としての役目を次のよう考えた。

第一に、校舎の全面改築を行わせること。

第二に、生徒がいる限り最大限の教育条件を整えること。機械的学級減、教員定数減をさせない。

第三に、久留米高校の教育実績を新学校に引き継がせること。そのためには生徒募集停止をしないで、廃校ではなく校種の改編とさせる。希望する教師を新学校に引き継がせる。

第四に、中学生とその親、地域の願いに応えられる、真に全面的発達をはかる「総合学科高校」づくりを目指すこと。

私の危惧の一つは、統廃合の対象になると「どうせつぶれるのだから」と、中学生の入学希望は落ち、教師の意欲も無くなっていくことである。それだけはさせたくなかった。その後の学校経営方針のスローガンには、「生徒がいる限り、最大限の教育条件を整え、更なる教育活動の充実」を第一に掲げた。教職員は本当によく頑張った。そして次項に述べるように、それまで以上に実績を高めていった。

二つには、私は都教委のいう「総合高校」を逆手にとって、戦後民主教育の出発に当たっての「高校三原則（小学区・男女共学・総合制）」でうたわれた本来の「総合制」を目指すべきと資料も作って訴えた。これは、『学校教育法』41条「高等学校の目的」で「中学校における教育の基礎の上に」「高等普通教育及び専門教育を施すことを目的とする」とあり、当時の解説書では「法文の示すように高等普通教育と専門教育は必ず両者を併せ施さなければいけないのであって、一方のみを施す高等学校は認められないのである」（内藤誉三郎『学校教育法解説』）ということであったが、高校三原則の中でこれだけは実現されてこなかったものである。普通教育と専門教育をさらに分化して多様化していく東京の「教育改革」の中で、「総合学科」高校を本来の「総合制」にしていくチャンスにしたいということだった。

こうした方向での久留米高校基本計画検討専門部会と清瀬北高校の意向とは必ずしも一致したものではなく対立もあったが、二〇〇〇年七月に基本計画検討委員会の中間報告、そして翌年一月に教育委員会より「基本計画検討委員会報告書」が出された。そこでは教育理念として、「自主・自律」「地域に根ざした開かれた学校」「進路実現」を掲げ、「普通教育を基礎として専門科目を選択できる教育内容」が示されたが、私はその具体化としての教育課程作成には関わることはできずに定年で久留米高校を去った。

都教委は私たちの地域ぐるみの声をまじめに受け止める姿勢を最後まで示さなかった。しかし、募集停止を計画より一年遅らせ、全・定共に空白をつくらずに新学校に継続させること、そのことでサッカー指導者をはじめ久留米高校の教育伝統を引き継がせること、同窓会の部屋を作って継承させることはできた。

(7) サッカー部の活躍惜しむマスコミの声

改革が正式決定された翌月、久留米高校サッカー部は、全国大会東京都予選で五回目の決勝進出に臨んだが、ＰＫ戦の末、国学院久我山高校に惜しくも破れ、全国大会への出場はならなかった。

このことを教育庁発行の『教育庁報』(№．４３８)はこう伝えている。私はこれを読んで心底、改革に対する怒りを感じた。

《……同校は昭和四十年に創立『自彊不息』（じきょうやまず＝自ら努め励む努力を怠らない）を校訓とし、生徒の自立を図り、能力と個性を引き出す教育を目指して、厳しさの中にも温かみのあるきめ細かな指導を行ってきた。……サッカー部は……「サッカーは教育である」という人間形成を重視した指導が受け継がれている。さらに、地域の指導者と連携した小・中・高一貫指導システムが築かれており、同校の大きな特色となっている。このことが特色ある学校づくり支援事業として地域のスポーツ科学・文化の発信校としての役割を果たすとともに、小・中学生へのサッカー指導等を通じて青少年の健全育成に貢献している。同校には、都立だから無理だと諦めないで頑張る「久留米高校精神」が脈々と受け継がれており、野球部、バスケットボール部をはじめとする各部がサッカー部に続けと頑張っている。》

教育庁自身がこのように評価する久留米高校の教育をなぜつぶす必要があるのか！　このサッカー部の決勝進出を機に、マスコミも異を唱えた。

『毎日』は「〝都立らしからぬ〟功績」として、「久留米高校の廃校は、惜しまれてならない」と書いた（99年11月17日）。

『スポーツニッポン』は、「都久留米の斎藤監督がマスコミを通じて〝最後のお願い〟を訴えた。35年の歴史を誇る同校サッカー部は平成４年度に全国大会出場をしたこともある都立の名門。だが、東京都の政策で平成16年度から生徒募集をとりやめ、同19年度には事実上の廃校となることが決まっている。『これだけの成績を残している都立のクラブを途絶えさせるのは残念。チャンスがあるなら石原知事に考え直してほしい』必死の願いが届くか」（99年11月14日）。

さらに『日刊スポーツ』は、「都立高校統廃合計画に異議あり」「ＯＢ志村けんら７０００人署名」『進め方に疑問』久留米高を守る会」の見出しで、「東京都教育委員会が進める都立高校統廃合計画で、統廃合の対象となった久留米高が反対運動を起こしている。『久留米高を守る会』を発足させ、同校ＯＢでサッカーＷ杯フランス大会で笛を吹いた岡田正義審判員（41）やタレントの志村けん（49）ら約７０００人に上る反対署名を都教委などに提出した。『守る会』は『計画の進め方が疑問。誠意を感じない』と反発している」と七段にわたって反対運動を詳しく報じた（同11月24日）。

(8) 校舎新設の約束も反古に

私は教育実績を高めることこそが統廃合を阻止する最大の力になると呼びかけてきたが、事実、内なる改革はこの部活動だけではない。前節の「校長室より『久留米』」で紹介したように全教職員の努力で、赴任三年後の二〇〇二年の卒業式では、来賓で出席してくれた地元中学の校長が「三年前とは別の学校みたい」と言ってくれたほどに変わった。

入試で二次募集校にまで落ち込んだ状況から、統廃合の対象になったにもかかわらず、年々倍率を上げ、〇二年には推薦募集では四・四七倍（男子では全都2番の倍率）、一般募集でも一・三五倍と上昇した。退学・留年も半減させた。〇二年度の学校評価アンケートでは、親もこう思っている。

■本校には他の学校にない特色がある（そう思う・やや思う）――八二％
■子どもは本校に通うのが楽しい・そう聞いている（同）――八一％
■子どもは学校で力を伸ばし、成長している（同）――八三％

都教委はこの学校づくりの実績を無視はできず、評価せざるを得ないのだ。しかし、初めに決定ありきで、最初から学校の実態や地域の声など見る目・聞く声など持たないのである。

さらに驚くべき改革の実態が明らかになる。

統廃合が正式決定されてからも、要望・請願を続けたが、二〇〇二年二月一九日には守る会の請願が都議会文教委員会で審議された。そこで改革担当部長は、「久留米高校は学校運営や部活動で実績を残してきた。対象になった理由は校舎の老朽化である。校舎が一番古い」と、ここでも学校の教育実績を評価しながらも、その改革理由を答えている。しかしその後、都財政を理由にこれも突如「既存校舎を活用し、新たな建設はしない」ということを一方的に言い渡されたのだ。

さらには、そもそも都立高校改革の根本理由は「生徒の多様化」と「生徒数の長期的かつ大幅な減少」であった。しかし冒頭でも述べたが、その生徒減のデータは全く詐欺的な数字であったことが私の退職後、都教委自身から明らかにされたのである。

二〇〇九年六月三〇日付で都立高校改革推進担当が校長にだけ明らかにした「今後の都内公立中学校卒業者数の増加に伴う臨時学級増について」によれば、二〇一六年度には〇八年比で一学年から三学年合計で二四八学級もの驚くべき増学級が必要となる。そして二〇一〇年度から各学校に有無をいわせぬ学級増が押しつけられるという事態になっているのである。これを知ったとき、まさに怒り心頭に達したが、すでに退職後で、私には何を為す術もなかった。

このように机上の結論初めにありきで、出発の時点から欺瞞的な数字を使って統廃合し、改革の根本の理由までも平然と覆す。これが都の改革のやり方の本質なのである。

付け加えるならば、私は現職時には都教委に正面切って異を唱えたこともなければ、形の上では指示通りやってきた。しかし退職後、入学式・卒業式等における君が代起立・斉唱強制問題で、人事委員会や地裁審理で教職員側の証言に立ったり、職員会議における挙手・採決問題で『朝日新聞』に依頼され寄稿したり、教育基本法「改正」反対のアピールに名を連ねたり等で都教委のやり方に異を唱えてきた。そのためであろう、久留米高校の閉校式に来賓としてよばれたが、都教委の方針に異を唱えるものは前校長といえど来賓としてふさわしくないと辞退させられた。その後、新学校の開校式にも、式典や文化祭等いっさい招待されない。私は未だに新設の東久留米総合高校に足を踏み入れたことがない。

第Ⅱ章　管理と監視下の学校

――「職員会議の補助機関化」と「人事考課制度」

1　職員会議の「補助機関化」

(1) 学校運営のあり方を根底から変えた「学校管理運営規則」の改定

久留米高校が対象となった「都立高校改革推進計画」は、高校制度そのものを再編し統廃合するものであったが、新宿高校問題を受けてそれまでの学校運営のあり方を根本から変えたのが、私が校長になる前年一九九八年に施行された「東京都公立学校の管理運営規則」改定であった。「管理運営規則」というのは——

i　学校の施設設備の利用や管理等の物的管理

ii　校務分掌等学校運営組織や教職員の研修・休暇等に関わる人的管理

iii　教育課程・学期・休業日・教材の取扱いなど教育活動の管理運営等、学校の管理運営に関わる基本事項を定めた教育委員会規則である。その改定の主旨は、「校長の意思決定権」を明確にし、「校長権限とリーダーシップの強化」をうたい、次のような点を新たに規則化した。

①職員会議を「補助機関」と明文化。
②主任を校長の任命から「教育委員会による任命」に。
③教頭を「所属職員を監督する」として、管理職としての職務権限をより明確にした。
④校長権限を阻害するような「校内内規」の見直しと廃棄。

この改定で学校現場のそれまでの運営が根底から変えられたのが「職員会議の補助機関化」と「内規の見直し」である。この問題では多くの学校が校長と教職員の対立を深めた。

それまでの学校は、一般的には、勤務のあり方や服務に関して、職員会議や委員会等の位置づけや運営等校務運営に関して、教育課程や評価、進級・卒業等に関して、生徒指導に関すること、PTA等その他学校運営全般について、「内規」「校内内規」「実務要項」「校務運営規程」などと名称は様々であるが、学校ごとに規程を作って全教職員の合意のもとに運営してきた。

これらの中でとりわけ「職員会議」が教職員の多数決による事実上の意思決定機関になっていて、それが校長権限を侵し、校長の意思決定を阻んでいるとして攻撃の対象とされたのである。

また、この内規では校務分掌組織やその運営について定めていたが、その人事編成を担当する「人事委員会」や「校務分掌委員会」があった。この校務分掌や委員会には教頭が入り、校長の意を反映させていたが、委員長・主任等は職員会議での選挙や分掌内で互いに選ぶというのが一般的であった。

この人事や予算の決定に関与するような機関があるということと、選挙や互選で責任者を決めるということが「校長の権限」を侵害しているとして問題にされた。そしてこの改定で、人事や予算に関わる委員会等を置いてはならないこと、選挙や互選の廃止、主催するのは校長、またはその意を受けた教頭とされた。

都教委も学校運営への教職員の主体的な参画意識を言うが、それとは全く逆に上意下達の黙従に変えられていった。

(2) 全教職員による協議が奪われた職員会議

①職員会議の位置づけ

もともと職員会議は法令で位置づけられていたものではなく、教育活動上必須の、教職員の合意をつくって取り組むという必要から学校慣習法として行われてきたものである。

それが一九五六年、戦後教育出発時の教育委員の公選制等に基づく「教育委員会法」に代わって、教育委員の任命制等を定めた「地方教育行政の組織及び運営に関する法律」が強行成立すると、教育委員会による「学校管理規則」が制定され、職員会議を校長の「諮問機関」とするようになってきた。そのことで「最高議決機関」とする教職員組合との対立が激化した。

さらに二〇〇〇年一月、文部省は「学校教育法施行規則」（文部省令）に「校長の職務の円滑な執行に資するため、職員会議を置くことができる」「職員会議は、校長が主宰する」を明文化し、「補助機関」化への道を開いたものである。

しかし「諮問機関」であろうと「補助機関」であろうと、現実には校長は、直接教育活動に携わる教職員の協議と意向を大事にしなければ「円滑な学校運営」はできない。そういう意思決定をつくりだすために実際には、多くの学校では次のように行われてきたのである。

②職員会議はこれまでどのように運営されてきたか

私が経験してきたすべての学校がそうであったが、職員会議は隔週の水曜日放課後に開かれた。久留米高校の定時制では毎週始業前の午後にもっていた。

職員会議の構成は、行政職員は執務上事務長や連絡事項の担当者が代表で参加したが、全教職員からなるのが一般的だった。校長、教頭、事務長が正面に座り、司会は教師の順番制や分掌として議長団を選出して当たっていた。議題は報告事項と協議題に分け、事前に司会者や議長団に提出する学校もあったし、各主任と校長、教頭からなる「運営委員会」（司会、議長が加わる学校もあった）等に提出して、そこで整理する学校もあった。その開催の連絡は司会、議長が行っていた。

会議は、校長－教頭－事務長からの連絡に続き、各分掌からの報告、そして協議題に入るというのがほとんどだった。

この協議では、学校運営から生徒指導問題まで教育活動に関わるほとんどの問題がとりあげられた。このように自主的に運営されていたが故に、生徒指導をめぐってはいつも教師間で激しい議論が交わされた。同時に、入学式・卒業式等の日の丸・君が代問題をはじめ、教育委員会の指導による校長方針と教職員の意見対立で深夜まで議論する学校があったのも確かである。

しかし、私が経験してきたそれまでの学校の多くの校長は、生徒指導等、直接教育活動に関わる問題ではほとんど教育論議に積極的に加わるということはなかった。それは教育委員会も教育活動に関わる学校の自主性を認めていたからだとも言える。

このような運営は、校長、教頭はもちろん、全教職員の協議の上で最終的に職員会議で決定した「職員会議規程」にのっとって運営されていたものである。教育委員会が問題とするのは、一つは教職員が扱うべきでない人事や予算等の管理運営事項まで取り上げていること、そしてそれらを多数決で決定し、職員会議が実質的に「最高議決機関」になっているということである。「都立学校においては教員が長年にわたって築いてきた〝権利〟を守るため、職員会議において多数決による意思決定を行ってきた。このため、学校が校長の権限と責任の下に運営できず……」（『東京都の学校改革―校長のリーダーシップ確立に向けて』東京都学校問題研究会編著・都政新報社／１９９０年）と、校長の意思決定権が職員会議によって阻害されていると問題視したのである。

③苦悩した学校現場

「補助機関」と位置づけたということは、「東京都公立学校の管理運営に関する規則」第12条に職員会議に関する事項を新設して、次のように定めたものである。

> 第1項「校長は、学校運営上必要と認めるときは、校長がつかさどる校務を補助させるため、職員会議を置くことができる」
>
> 第2項「職員会議は、次の各号に掲げる事項のうち、校長が必要と認めるものを取り扱う。
>
> 1　校長が学校の管理運営に関する方針を周知すること。
>
> 2　校長が校務に関する決定等を行うに当たって、所属職員等の意見を聞くこと。
>
> 3　校長が所属職員等相互の連絡を図ること。」
>
> 第3項「職員会議は、校長が招集し、その運営を管理する」

つまり、第一に、職員会議の設置や開催については校長の意向次第とし、第二に、その運営も校長権限で行うとし、第三に、職員会議の機能を、

ⅰ　校長の方針を周知させる。

ⅱ　校長が決定するに当たって職員の意見を聞く。

iii　職員の相互の連絡を図る。

の三点に限定したのである。そして学校運営の中枢機関として、校長、教頭（副校長）、事務長（経営企画課長）、主幹・主任等からなる「企画調整会議」の設置が義務づけられ、その場が校長の意思決定を徹底させる場とされていく。

私はこれが出されたとき、ついにここまできたかという感をぬぐえなかった。そして教師たちの抵抗を思った。校長・教頭たちもときに職員会議の非効率的在り方に苦労させられ続けていたものの、職員会議そのものを否定するに等しいこのような規程までは考えてもいなかったと思う。

この通達を受けて、私が教頭当時の赴任校でも、第一に問題としたのは職員会議の運営についてであった。多くの学校でそうであったように、職員会議の開催は今まで通り行い、企画調整会議で職員会議の議題を整理し、校長の意向でその招集や司会は教頭が行うように変えた。ただし、私は校長の了解の上で司会は教頭が指名するという形で、今まで通りの順番で指名した。そして協議も今まで通り全教職員で行い、採決だけはしないで協議を受けて校長が決定するというようになった。それは校長として赴任した久留米高校でも同じであった。

しかし、このことは職員会議の在り方だけの問題にとどまらない。学校における教育活動の在り方の根本に関わる問題である。その根本問題は、職員会議で取り扱えることを前記三点に限定し、学校の教育活動から全教職員による「協議」そのものを否定したことである。私の危惧はそこにあった。そしてそれはその後、現実の問題となっていく。

学校運営のすべてを校長決定権に限定した改定で、その後、職員会議はほとんど行わないで、すべて企画調整会議で決定してしまう学校、職員会議そのものを置かない新設校まで現れ、こんな校長まで出てきた。知り合いの教師が電話で私に訴えてきたことである。

――女性校長の都立P高校で、生徒の対教師暴力問題の指導をめぐってもめた。二時間余にわたる激論の末、教師たちの意向は「自分たちの指導の力を超えているので退学を勧める」という結論になった。すると校長は最後に、「先生方の意向はよく分かりました。しかし私は生徒を残します」と言って閉会にした。

その協議の間、校長はひと言も自分の意見を言わなかったというのである。訴えてきた教師は、「バカバカしくてやってられません。みんなやる気を失いました」と絶望していた。

またある主幹教諭はこう訴えている。

――私は先生方と校長との接点になりたいと主幹になった。しかし企画調整会議ではほとんど意見は出ない。すでに校長・副校長で決めたことが出されるだけ。そこで私は職員会議で、「様々な意見があったと思いますが、参考までにどういう意見があったかお聞かせください」と発言した。すると校長に呼ばれ、「あなたは主幹なのに企画調整会議で決まったことに意見を言いましたね。それだけで業績評価でDを付けるのに十分です」と言われた。

(3) 職員会議とは何だったのか

①全教職員の「協働」をつくり出す

私は教育に多数決はなじまないということを一貫して主張してきた。管理運営規則改定で教職員の抵抗が強かったときもそれは譲らなかった。多様な教育観・個性・指導方法をもった教師に対して、それを生かしながら協働していくのではなく、多数決でそれを排除していくようなやり方は教育活動として間違いだと、具体的経験の中で感じさせられていたからだ。

また、鍋蓋といわれる学校組織の中で、圧倒的少数の校長・教頭意見を多数決で排除していくなどということが真に民主的といえるのかという疑問をもってきた。私は「学校経営方針」の中で、「生徒また学校のあらゆる階層の組織の中に真の民主主義を貫こう」と呼びかけたが、今、生徒集団づくりの指導実践で、教職員集団づくりの中で、改めて民主的集団づくりということが問われているのだと思う。

久留米高校の定時制では、私が赴任する前から多数決で決めるというやり方はしてこなかった。始業前に毎日連絡会を持ち、担任からの生徒の情報交換や分掌からの連絡等を行うと共に、毎週職員会議をもった。協議で意見が分かれた場合は一人ひとり全員が意見を言い、司会者が一致する点でまとめた。それでもまとめられない場合は、その場では決めないで次週まで個々の間で議論し合い、全員が一致する点で決めるという努力をしてきた。まさに私が主張してきた通りのことをやってきていて、私はほっとさせられた。

そのような意味で、教育活動で私が一番大事にしなければならないと思ってきたことは、実践を核に、自由な教育論議を深め、互いに学び合い、より質の高い合意形成をはかって、全教職員が協働して取り組むこと、それをどうつくるかということである。それが職員会議である。校長のリーダーシップとは、それを組織していくことではないのか。

校長の「権限」とは教育委員会がつくってくれるものではなく、教職員によってつくられるものであると、私は思わされてきた。そもそも管理運営規則が改定されるわずか二年前までは教育委員会はどう言っていたのか。

私が教頭になったとき教科書代わりに読んだ本に『教職員人事と学校運営』（教職員人事問題研究会編・ぎょうせい／1996年）というのがある。これは教育庁参事、課長等が執筆し、教育長が推薦の言葉を書いているものである。そこにはこうあった。

「学校には……校長、教頭、教諭、養護教諭、事務職員、助教諭、養護助教諭、講師、実習助手、技術職員のほか、学校栄養職員、給食調理員、学校用務員など数多くの職種の職員がいる。学校医や学校薬剤師などの非常勤職員については、言及を避けるが、学校はこれらの多くの職員によって、校長を中心として児童・生徒に対する教育の場として運営がなされなければならないのである」

これこそが私が管理職になったとき教育委員会から学ばされたことだった。校長を「中心として」「教育の場として運営」するために全教職員協議の場としての職員会議が必要なのである。付け加えるならば、かつての文部省もこう言っていた。

「学校の経営において、校長や二三の職員のひとりぎめで事をはこばないこと、すべての職員がこれに参加して、自由に十分に意見を述べ協議した上で事をきめること、そして全職員がこの共同の決定にしたがひ、各々の受け持つべき責任をはたすこと」(『新教育指針』／1946年)

「真の指導性は、外的な権威によって生ずるものではなく、人々の尊敬と信頼に基づいて、おのずから現れることが、その本質をなすものである」(『小学校経営の手引』／1949年)

②職員会議こそ最大の「研修の場」

私は初任校での職員会議に先ず驚かされた。『青い山脈』や『坊ちゃん』の世界さながらであった。会議室では校長、教頭、事務長を正面にして、コの字型の机には校長派と反校長派が左右にみごとに分かれて座る。そしていつも両者の間で激しい議論が交わされた。私は隅っこで小さくなってそれを聞いているだけであった。

生徒の登校時には生活指導部の教師が校門に立って服装や髪型のチェックをしていた。当時裾を詰めたマンボズボンがはやっていたが、教師たちはその太さを物差しで測ることまでしていた。

「生徒にきちんと規則を守らせること、管理することはわれわれ教師の大事な役目だ」

と、一方の教師が主張すると、

「教育は管理することではなく、育てることだ。生徒が自分たちで規律を作り守っていける力を育てていくことが教育だ」

と、M先生が批判し激しい口論になる。そして校長に対しては、

「あんたは教育とは何かが分かっているのか、言ってみろ」と矛先は広がる。

M先生の教育と生徒への情熱は私にも降りかかってきた。私が授業から職員室へ戻り、

「全く生徒はちっとも勉強しやしない、ダメだ」

と愚痴ったとたん、M先生は、

「生徒がダメだと言ったときには、その教師はすでにダメになっているんだ。若いくせに何を言っているんだ」

と私を怒鳴りつけた。その言葉は私の教師としての宝となった。そして、こうした批判や議論を通して、誰が真に生徒をとらえ、生徒の立場に立って指導しようとしているのか等々を次第に学ばされてきた。

初任からの数年間は、一九六〇年代の大学の学園紛争が高校にも及んできたときであった。二校

目の勤務校でもその生徒指導をめぐって毎日のように激しい議論が交わされた。夕方六時を過ぎると懇親会の費用で全員ラーメンをとり、その後、深夜まで議論を続けた。終電が無くなり車通勤の教師が分担して先生方を送るということもあった。それでも結論が出ず、日曜日にも会議をもった。小さな子どもを連れて会議に参加する母親教師もいた。

私はこうした職員会議での多様な教育論議の中で何よりも教師というものの生徒にかけた情熱を感じさせられ、その中で教諭時代も教頭・校長になっても育てられてきた。互いの教育観や実践論議を通して教師は学び合い、育ち合うのである。職員会議はそういう最大の研修の場でもある。

校長にとってもそれは同じである。権限でもって指導するとなったとき、それは管理していくことにしかならなくなる。それは教育という営みの本質である。授業が学びの場であるためには教室が自由な空間になっていなければならない。「間違わない所」ではなく、「間違ってもいいんだよ」という、何でも思ったことを自由に発言できる場でなくてはならない。一人の生徒の思いもかけない発言が生徒間に問いを投げかけ、互いに考え合い、学びをつくっていく。そこから私もいつも学ばされてきた。それと同じように、この職員会議の教育論議を通してこそ個々の教師の教育観、教育に対する姿勢、実践をも知る場であったはずである。

③教育活動への意欲をつくりだす

さらに大事なことは、この自由な活発な教育論議こそ教育への情熱・意欲・活力をつくっていくという事実である。

協議を否定するということは、意見を言うなということに等しい。意見を言えないで誰がものを考えるだろうか。ものを考えないで黙って従えというもとで、どうして教育活動への意欲が生まれるだろうか。議論なくしてどんな教育活動の活力も生まれはしない。議論を通しての納得なくしてどんな意欲も生まれはしない。そのような議論の場を奪うことは、疲弊と諦めをつくっていくことに他ならない。

私は、「学校に行政の言葉ではなく、教育の言葉をあふれさせよう」と呼びかけてきたが、自由な教育論議なくして教育活動の活力も意欲も生まれはしないと実感してきた。

(4) 校長の権限も学校の裁量権も奪われて

定時制の定期考査は、生徒の実態を考慮して始業を三〇分遅らせて、毎日一時間だけにして生徒は一九時には下校する。あるとき始業前の職員連絡会で私は、

「終業後もいつも全員の方が部活動指導等で大変だと思います。生徒のいないこういうときには早く帰ってください」と言った。

その日の勤務終了時間二三時に教育委員会の服務監査（教職員が出退勤時間を厳守しているかどうか突然調査に来る）が入った。私はもちろんいなかったが、教職員は全員残っていた。私の言葉に従って教職員が帰っていたら処分を受けることになったろうが、そのときは私が全面的に責任をとるつもりでいた。教育委員会は当然、その日は定期考査であることを把握している。そういう校長の職員に対する勤務の弾力的扱いすら許さないのである。

管理運営規則の改定は、「学校教育法第二八条第三項において、『校長は、校務をつかさどり、所属職員を監督する』と定められており、校長がすべての校務において決定権をもつ」（「東京都公立学校の管理運営に関する規則の一部改正について」／98年）と、すべての校務について校長権限の一元化を図ったものである。ここでも私は前引用の『教職員人事と学校運営』を思い出す。

「学校は、校長を中心として自主性・創造性を発揮することによってその効果があがるものである。そのために学校の管理機関である教育委員会は、校長へ出来るだけ権限を委譲して学校との協調・連携を図る必要がある」（第1章「公立学校の地位と組織」）

都教委の言う校長権限の一元化とはここでいう「校長への権限委譲」とは全く別のもの、というより反対のものである。〇一年には職員会議は「議決により校長の意思決定を拘束するといった運営は認められないこと」とする通知が出され、〇六年には「所属職員等の意見を聞くことが必要な場合においても」「『挙手』『採決』等の方法を用いて職員の意向を確認するような運営は不適切であり、行わないこと」の通知が出される。このもとで翌年には、次のような事例で四人の校長が厳重注意の処分を受けたのである。私はこれを聞いて唖然とした。

ア、特別指導（私注・生徒の処分問題）で教員から挙手を求められた際、判断を覆すつもりはなかったので、「最終決定は、校長が判断するから」と説明したうえで、挙手を制止しなかった。

イ、教科指導案件で判断に迷ったので校長が挙手を求めた。

ウ、特別指導や年間行事計画などにおいて、教員の意見を聞く必要があり、校長が挙手を求めた。

エ、卒業判定で教員から意向の確認を求められ、校長の判断に資するため挙手を認めた。

（教育委員会学務部２００７年7月12日「職員会議の運営状況について」）

「校長の権限において」挙手を求めたり、認めたりすることさえ認めないのである。

この校長の権限・裁量の剥奪は二〇〇三年の卒業式に向けての職務命令で極まる。日の丸の掲げ方はもちろん、式次第、司会者、式場の設定の仕方、椅子の向きと座席指定、君が代伴奏の仕方とそれをする人、服装まで、「各学校の裁量を認める余地はほとんどないほどの一義的な内容」「各校長の裁量を許さず、これを強制するもの」（国歌斉唱義務不存在確認等請求事件東京地裁判決／06年9月21日＝第Ⅴ章232頁参照）であった。

私はこの卒業式での教員処分をめぐっての人事委員会と地裁の審理で証言に立ったが、「教育活動としての校長の裁量の余地など全くなかった」と言ったのに対して、都教委の弁護士は「紅白幕をどうするか、来賓挨拶をどうするかなどは校長が裁量できるではないか」と反論し、私は「そんなものは教育活動とは関係ないものです」と思わず激昂してしまったが、それほどまでに「校長の権限」と学校の教育活動の自主性・主体性は奪われていった。

このように「校長権限・リーダーシップの強化」ということの内実は、教育委員会の指示通りに、校長権限で教職員にリーダーシップを発揮してやらせることに過ぎない。ここに校長の学校運営の根本的苦悩があるのである。

2　業績評価で教師を競わせる「人事考課制度」

(1)「人事考課制度」とは

私が置かれた東京の教育改革の中での大きな苦悩の二点目は「教員評価」であった。

人事考課制度は校長・教頭、行政職員に対してはすでに実施されていた。一九九四年に管理職の勤勉手当の支給率に格差が導入され、その査定に、行政職に導入されていた自己申告と業績評価による人事考課制度が翌九五年から導入された。これにより勤勉手当はA～Eの相対評価で一〇万円以上の差が付けられたのである。教頭の第一次評価者は校長で、校長の最終評価者は教育長となっている（現在、校長の第一次評価者は学校経営支援センター所長）が、具体的には誰がどのように評価しているのか、校長自身にもその実態は全く分からない。

教員に対する「人事考課制度」は、私が校長として赴任した二年目の二〇〇〇年、「学校経営方針」の策定と共に実施された。これは学校の経営化の柱として、民間企業ではすでに破綻しつつあった職務の遂行計画（「自己申告書」）を作らせ、その実績を評価（「業績評価」＝教員評価）して、それによって処遇を決めていくという、企業経営の手法をそのまま教育の場に持ち込むものである。都教委はこれも教育基本法改悪の先取りとして全国に先駆けて導入した。東京の場合その目的を、

①教育職員の資質能力の向上
②学校組織の活性化
③結果を給与や昇任等処遇へ反映させる

とし、その柱は「自己申告書」と「業績評価」としている。これは毎年少しずつ方式が変えられてきたが、「自己申告」というのは、導入当時は校長が出す「経営方針」（三年後には数値目標を入れた「経営計画」になる）に沿って、「学習指導」「生活指導・進路指導」「学校運営」「特別活動」の四項目にわたって、自分の年間計画を四月当初に「当初申告」、二学期に「中間申告」、学年末に

「最終申告」として校長に提出する。そして各提出時には校長・教頭（副校長）の面接指導を受け、校長・教頭によっては書き換えさせたりもする。

「業績評価」は、自己申告を参考にして、年間の勤務時間内のすべての職務遂行について（職務時間外の自主的な研究会、研修、外部活動等は対象としない）評価する。

この制度の出発時の評価とは、自己申告の四項目それぞれを評価要素とする「能力」「情意（意欲・態度）」「実績」について「S・A・B・C・D」で評価し、さらにその個人としての総合評価をつけるというものである。これを第一次評価者として教頭がつけ、それを受けて校長が第二次評価者としてつけて教委に提出する。この評価で教頭・校長が共にC・Dをつけた者は三カ月の昇給延伸となる。また特別昇給としてS・Aの中の一部の者が昇給短縮される。（注2）

これが〇七年度からは、人材育成と処遇への的確な反映が制度の核だとして大幅に改定された。

①評価者は校長一人とし、校長と教頭の評価を変えて延伸者を出さないような工夫をさせないようにした。

②五段階評価をA（優秀）・B（良好）・C（もう一歩）・D（奮起を期待）と四段階にして、Bに集中させず、より階層化させた。

③Aのうち校長推薦二〇％を三または六カ月定期昇給短縮、Dは三カ月延伸と直接定期昇給で格差をつけるものにした。

④希望する教育職員に絶対評価を開示する。Ｄの者については希望の有無にかかわらず開示する。

人事考課制度は現在全国で実施されているが、このように評価で給与まで差別するというのは東京の特異性である。即ち、東京の人事考課制度は、その後、教員組織は「統括校長ー校長ー副校長ー主幹ー主任教諭ー教諭ー専修実習助手ー実習助手」と階層化されていくが、そのもとで昇任、昇給、異動等の処遇のためのものであり、競争と上意下達の学校運営をつくりだすものであることがはっきりしている。

同時に評価活動の一環として校長・教頭（副校長）による毎学期の「授業観察」が義務づけられた。これは「管理職としてしなければならない重要な職務」として、「教科の専門的内容ではなく、指導方法を工夫しているか、生徒の反応を的確にとらえて指導しているかなど、総合的な観点から職務遂行能力を評価する」というものである。これもまた観察後、面接指導しなければならない。

さすがに校長会ではこの人事考課制度、とりわけ業績評価には疑義が上がった。そこで校長会内に特別委員会をつくって検討、民間企業の実態調査等をした。そして、民間に比べても校長が評価する対象人数が余りにも多すぎること、本人開示をしないことへの疑義等多くの検討すべき問題が残るとして、教育委員会に対して「早急な導入は時期尚早」との異論を上げた。

しかし教育委員会はこれにも耳をかさず実施。その後、異論を上げる校長会は解体され、現場の声を聞く耳を全く持たなくなるのである。

〔注2〕教員給与制度＝東京都の学校組織上の職級は、6級（校長）、5級（副校長）、4級（主幹）、3級（主任教諭）、2級（教諭）、1級（実習助手・寄宿舎指導員）の6段階で、ほぼ一年（12カ月）で定期昇給される。この年功経験主義を再考し、職責・能力・業績を反映した給与制度として業績評価による昇給短縮と延伸が持ち込まれた。教諭は主任教諭にならないと46歳で昇級がストップになる。

(2) 教育活動に競争的評価はなじまない—私の視点から

私はこの「業績評価（教員評価）」には苦悩し続けた。何よりも、私は、新たな施策が押しつけられると先ず、「私が一教師だったら」と考えることと、そのマイナス面をどうプラスに転化出来るかということを考えてきた。

この教員評価についても、私が校長からこのような評価をつけられたらどうだろうかと考えてしまう。本人に知らせない評価をつけてどうして能力の育成や学校組織の活性化になるのか、また仮にそれが分かったとしても、私ならその根拠を校長と教育論として徹底的にやり合うだろう。日常の教育活動における同僚との関係はどうなっていくのか。評価をつけられることで教育活動の意欲など高まるだろうか。それをせざるを得ない自分の立場に苦しんだ。

私は教育委員会の施策・指導は必ず文書にして全教職員に徹底した。都合の悪い点を隠したり、曖昧にしたことはない。その上で必ず、それについての自分の教育観に基づく率直な考えを述べた。行政の言葉ではなく、教育論議にしていくことが大事だと考えてきたからである。

ある時、分会長（注・教職員組合の学校単位を分会といい、その代表）が、「校長、本音をしゃべりすぎだよ。教師の中にはいろいろな人がいるから注意した方がいいよ」と忠告してくれた。しかしそれは最後まで貫いた。そこで、この人事考課制度についても、教員評価というなら、

①なんのために行うのかの教育活動としての目的

②誰が、誰を評価するのか

③教育活動の何を評価するのか

④それをどのような手順・方法で評価するのか

⑤その結果は何にどういかされるのか

ということを前提として、はっきりさせなければならないということを述べた。それを考えていく上での苦悩を「校務連絡」で「私の視点」として率直に問題提起した。

A、この機会に、私たちが日常生徒に対して行っている評価活動と重ねて、教育活動における「評価とは何か」ということをとらえ直す。

①他人との序列ではなく、個別の目標への過程と結果であること。

②それが本人を励ますものであること。
③評価する者は、評価することで自分も評価されるものであること。

B、教育活動に評価はなじむのか――教育の仕事の特質を踏まえること。

①直接人格形成性――指導しないことも含めて、すべての指導が直接的に生徒の「人格形成」に関わっている。この人格形成は必ずしも数値化されるものではない。
②系統性・集団性――生徒と教師の関係は一対一の関係ではなく、全教職員の集団的な営みである。教育活動に最も大事なことは、優れた個人ではなく、全教職員の「協働性」である。
③結果の不可測性――指導の結果が直接的に、またすぐに出るとは限らない。ここにこそ民間企業の生産労働（精神的・サービス等も含めて）との違いがあり、業績を形として単純には測れない複雑さがある。

C、私は「評価」を否定するものではない。

しかしそれは、特定の人がその教育的力量で評価したり順位をつけたりすることではなく、実践を出し合う中で、互いに評価し合い、学び合い、そのことで教育活動を高め合うことでなくてはならない。私は経験的に言っても同僚教師との実践論議の中で最も学ばされてきたというのが事実である。教育活動の評価は集団的に検証されるべきだと考える。そのために、私は先ず集団の中での自分の実践を確かめる「自己評価」を重視したい。そこで、最終自己申告書には自己評価をつけてもらいたい。

D、同様に、私は「自己申告書」を否定するものでもない。

私たちは誰でも年初に当たって自分の実践計画を立てている。しかしそれをきちんと文書化して確認しているかというと、その点では弱点をもっているのも事実ではないだろうか。例えば、どこの学校でも保健体育科や家庭科は使用施設・用具の関係でそうせざるを得ないのだろうが、各教師の指導科目を計画的に決めて貼り出している。そういうことは教科として系統的な指導をするという点で大事なことではないだろうか。

E、どう評価するか

①自己評価を重視する

②面談の中で充分話し合う

③本人の納得なしに評価をつけない

F、「授業観察」について

①私たちの視点からとらえ直す

五〇年代からの「国民の教育権―国家の教育権」論争から、「開かれた学校・地域に根ざす学校づくり」への発展の中で、生徒・父母・地域住民との参加と共同の学校づくりが目指されている。そのもとでの授業公開を私たち自らが積極的に行っていく必要があるのではないか。

②校長はその学校の中で最も優れた教育理論家でも教育実践者でもない。アドバイスはできても校長個人の教育的力量内に先生方の実践を閉じ込めてはならない。より大事なことは、この機会に先生方が互いに授業を見せ合う・見合うようにしていくことだと思う。

③教科指導をとらえ直す

ⅰ、学校教育（教育課程の構造）は、知的学習とその指導である「教科（授業）」と、行為・行動の指導を通してより直接的に民主的人格形成を図る「教科外活動（生活指導）」で成り立っている。先ずその違いと相互の関連性を確認し合おう。

ⅱ、教科はその専門性によって成り立っている。その専門性抜きに都教委のいう指導の工夫も総合的な観点もない。その教科の目指すところのものを生徒にも父母にも分かるように再度確認し合おう。その点では、教科会を連絡や成績報告だけではなく、日常的に生徒を語り、指導について語り合う場にしていく必要と、またその時間を保証していく必要があると思う。

ⅲ、よく「授業で勝負する」という。学期や一年間また三・四年間を通した生徒の成長を見通した一時間一時間の授業をとらえ直すと共に、あるときのある授業だけで評価は出来ないということも事実であろう。

ⅳ、私たちの指導は「生徒のため」という外側からではなく、目の前の「生徒から」出発する。学校によって生徒状況は全く違うし、クラスによっても違う。その「生徒をとらえる」ということを教科や分掌での年間総括でやっているわけだが、それをより深め合おう。このクラスごとの生徒理解なしに授業観察もあり得ないと考える。

④授業観察は計画的に事前に了解を得た上で行う。突然教室に入るということはしない。

(3) 業績評価（教員評価）の実際

①はじめから物理的に破綻している

私が実際に行った業績評価の「対象者」は、全日制専任教諭五〇人、定時制二一人、全・定非常勤講師・嘱託員一六人、行政職一二人、計九九人である。それを日常、教職員とは別室にいる一人の校長が年間の全教育活動を見てつけるのである。そんなことが可能なのだろうか。

また、毎学期、行政職を除く八七人について「授業観察」を行わなくてはならない。それは全日制授業開始の八時三〇分から定時制授業終了の二一時まで、教頭と時間の合うときに授業の始まりから終わりまで見なくてはならない。授業観察後には面接指導をしなければならない。そしてこの実施状況報告を毎学期求められる。

そもそも全日制・定時制併設校の校長の勤務時間は一体どうなっているのか。全日制・定時制併設校は教頭は全・定別々にいるが、校長は一人である。教職員と校長が対立的な学校の定時制では、日の丸・君が代問題をはじめ教職員組合との話し合い等、授業終了後に要求される。授業観察もわざと四時間目に要求される。併設校の校長の勤務の負担は単独校の校長の勤務の比ではない。

このように完全にはできっこないことを強いているのであり、はじめから物理的に破綻している。

私はその点でも救われていた。学校にいられるときは定時制生徒の登校時には当番の先生と一緒に昇降口に立って生徒に声をかけた。一七時からの毎日の職員打ち合わせには必ず参加したが、それが終われば教頭をはじめ「私たちに任せてください」と私を拘束することは一度もなかった。事実、私は先生方を信頼していたし、信頼に足る先生方だった。だから、授業観察も一七時半からの一時間目に全部設定してくれた。それでも正直なところ完全にやったということはない。教頭に任せたり、少しの時間しか見られないというのが実態であった。

②「できっこないですよね、私たちも役目でやっているだけですから」

どのように評価するのか。毎年教育委員会から学区ごとの校長への「評価者訓練」研修が行われる。四〜五人のグループに分かれての事例演習なるものでは、ある教諭の一年間の具体的な勤務メモが示され、先ずその勤務の言動から評価の対象とすべき言動を選ぶ。次に、それが前述の四つのどの評価項目に入るのかを決める。さらに評価要素「能力・情意・実績」のどれに該当するのかを当てはめて、(私の時代は) S~Dで評価する。そして、その学校での重要度でウエートをつけて合計し(複雑な計算方法がある)、総合評価をつけるのである。

そのためには全教職員の一年間の勤務の詳細な記録をとるという不可能なことが要求される。その上で右記のような付け方が訓練される。しかしこんなふうにつけているという校長を私は知らない。そもそも、この訓練で四~五人のグループ内の校長でさえ、評価項目も、要素も、評価自体も全く一致することはなく、個々によって付け方がバラバラという極めて主観的評価にならざるを得ないのである。

あるときの訓練が終わって、指導した指導主事に、「実際こんなことができると思っているんですか」と言うと、彼は、「できっこないですよね、私たちも役目でやっているだけですから」と答えた。こんなことで給与まで差をつけるなどということを私は許せないし、そんなやり方ではできなかった。

③教科の専門性を見ない授業観察

八七人の全・定教師の授業を単位時間(全=50分、定=40分)、毎学期、教頭と一緒に見るのには本当に苦労させられたし、場合によっては苦痛であった。

前述のように都教委は、「教科の専門的内容ではなく、指導方法を工夫しているか、生徒の反応を的確にとらえているかなど、総合的な観点から職務遂行能力を評価する」という。しかし、授業というのは各教科の特質・専門性によって成り立っているのである。それ抜きに指導の工夫も、総合的観点もあり得ない。私は国語の教師で、英語も読めないし、数学の複雑な数式、物理の法則も全く分からない。見ていても国語以外はその授業内容がつかめない。したがって正直のところ余り熱心にやったとは言えない。

前述したようにこのことに関する先生方の反発・抵抗はかなり強かった。初めはさまざまな反発があった。

校長にも質問するからと牽制する教師もいた。実際、生徒が答えられないと、「じゃあ、校長先生に聞いてみよう」と質問される。「校長先生も分からないのだから大丈夫だよ」と言って生徒を励ます。私は、私に対する反発・皮肉というより、かえっていい授業だと感じさせられた。

ある教師は「次の時間、見させてください」と言うと、快く引き受けてくれる。「今日の授業は図書館です」と言うので行ってみると、生徒にただ本を読ませて感想文を書かせている。授業案を作って渡してくれる先生もいたが、全部英文で私にはさっぱり分からない。「今日は校長が見に来るから授業態度を良くしなさい」と生徒を恫喝する教師もいた。

しかし、この授業観察によって先生方の授業というよりは教育に対する姿勢と生徒の実態を知ることはできた。それは大事なことだったと思う。教師にとってというより、生徒のことを具体的には何も知らない校長にとっての最大の研修の場であるというのが実感だった。

※授業観察で見えた生徒たちの現実

定時制では、中学のときはほとんど不登校で、定時制に来て救われ、生き生きと授業を受けている生徒がいた。退勤時間によって間に合わず毎日遅刻して来る生徒がいた。いつも机にうつぶせて授業など聞いていない生徒がいた。教師に聞いてみると、土木作業の労働で学校に来たときには疲れ切って授業どころではないので起こすに忍びないという。そういう生徒の中には逆に、昼間は予備校に通い、高卒の資格だけ取りに来ていて定時制の授業など相手にしていないという生徒までいた。

給食費を払えずに給食の時間には教室に残っている生徒、積立金を払えず修学旅行には半数ぐらいの生徒しか行かない。また、高校を出ていないので子どもに勉強を教えられないからと来る親、子育てが終わったから学び直すと通う親もいた。私学を退学させられて行くところがなくて転校して来た生徒。全日制に入れず定時制に来ざるを得なかった生徒は、遅くまで活動している全日制の仲間の姿をどんな思いで見ているのか。そういう様々な「生活」をバッグに詰めて来る生徒の実態と思いを抜きに授業観察など成り立たないと思わされた。

それは全日制にあっても同じことである。前の時間、若い女性の先生で騒がしい授業態度であったクラスが、次の時間サッカー部顧問の授業となるとシーンとして真面目にしている。それはその教師の教科指導力とは全く違ったものである。

教師の評価など抜きにすれば授業観察も楽しみなときも、驚くべき生徒実態の発見もある。こんなこともあった。

家庭科の調理実習で豚汁をつくる授業である。女子生徒であっても包丁の使い方が危なくて見ていられない。先ずダシをとる。昆布と鰹節でわかす。その昆布と鰹節を網でこして鍋に汁をとる。すると、その汁を捨ててしまったのには唖然とした。ダシは残りかすの方だと思っているのだ。

定時制の化学のG先生、全日制の物理のU先生やS先生はいつも手作りの実験教材を工夫していて、私自身が興味を持たされた。生物のO先生の顕微鏡観察も生徒にいつも新たな発見をさせ、学ぶ喜びを体得させるもので、私も一緒に受けさせてもらった。しかし、今や都立高校では、そういった授業の創造とそのための準備をする余裕さえ持てない。O先生はその後、私立高校へ移ってしまった。

私は定時制体育のバスケットボールの授業のときなど着替えて生徒と一緒に授業を受けた。全日制では授業をさせてもらって、教師の授業観察を受けたりした。

※教師が育つために必要なこととは

したがって観察後の面接は具体的な指導というようなことはほとんど教頭がやってくれ、私は特に若い先生に対して期待を話した。熱心にアドバイスを求めてくる先生もいた。私の期待は、私のつたない経験や他の優れた教師の実践の紹介に過ぎない。教育は実践でしか語れないというのが私の一つの教育観である。

その中で必ず話し続けたことの一つは、個々の先生には、同じクラスの生徒の態度や反応が他の教師の授業ではどうなっているのかは見えないが、教師によって同じクラスの生徒の態度や反応が全く違うということだ。そこに管理職が見るのではなく教師自身が互いに見合うことの重要さがある。

私の今までの経験でも、初任校では教科のガリ版刷り研究誌『國語』を私が担当して発行した。そこに教科の教師全員が授業報告や研究発表をした。授業も見せてもらった。新任の私はそこで先輩教師から最も学ばされた。赴任二校目の高校では教科で月一回順に授業公開をし、その後飲み会を兼ねて研究会をもった。三校目の高校では、新任の先生が二人赴任してきた。その二人としょっちゅう教材研究と実践報告をしあった。今やそういう自主的な研修がもてなくなっている。

しかし、教師が育つのは管理職によってなどではない。何よりも同じ職場の仲間との実践を基にした学び合いからである。それを個々の教師にも分かってほしかったし、そういう学び合いの学校になってほしかった。

もう一点は、他教科のことはわからないといえど、私は今まで様々な民間研究団体やその他の研究会で国語以外の教科の優れた実践にも出会い学ばされてきた。例えば学校の図書館にある本から、世界史でいうならば、久留米高校の大先輩である沼野鹿之助先生の『授業こそわが詩《うた》』（注３）の実践、数学で感動させられた埼玉県での仲本正夫先生の『学力への挑戦』（注４）等々の実践紹介をした。自分から学び続ける姿勢を作ることが大事だと思うからだ。

三点目は、この授業観察に合わせてその年から教頭の努力によって紀要『自彊《じきょう》不息《やまず》』（久留米高校の校訓＝自ら励む努力を怠らない）を発行するようになった。そこで先生方の多様な実践や学校の取り組みを紹介した。私も今までの実践や教育論を毎号書かせてもらった。その実践について話し合った。授業を見合うことが困難ならば、誌上で発表し合い互いに学び合うことなら出来よう。「授業観察」に意味があるとするならば、以上のようなことなのではなかろうか。

〔注３〕『授業こそわが詩《うた》』＝エイデル研究所／１９８４年。沼野先生は一九四七年久留米高校を定年退職。その後、都立立川高校等の講師を経て一九八二年に教壇を降りた。

〔注４〕『学力への挑戦――〝数学だいきらい〟からの旅立ち』＝労働旬報社／１９７９年。埼玉県の山

村女子高等学校での実践。続編として『自立への挑戦―ほんものの学力とは何か』（同／1982年）がある。

(4) 業績評価は何をもたらしたか

①校長の教育的力量内に教育活動を閉じ込める

私は実際に業績評価をつけてきて、前述したように「年間のすべての職務遂行について」客観的に評価するなどということは全く不可能であることを思い知らされてきた。だからこそ都教委は客観的根拠に基づくこと、それを示せることが大事だと強調する。私は職員会議でも言ったのだが、しかしそれとて、例えばある事実をあげて、だからこういう評価だといえば、私なら「それとは全く違うこういうことだってやっていますよ。校長はそれを知っているんですか」と反論するであろうと。

したがって、評価の客観的根拠とは、校長の示す「学校経営方針（計画）」と「学習指導要領」でしかなくなる。私はある民間教育団体の研究会で小学校での素晴らしい実践報告を聞いた。クラスの荒れた生徒をどのようにとらえ、その子の心に寄り添って、クラス集団づくりの中でどう成長させていったか。また算数の授業で独特の教材と指導法を工夫して算数嫌いを無くしていったかという実践だった。しかしその教師が最後に言ったのは、「でも私は業績評価はいつもCです。校長は、あなたの実践は素晴らしいかもしれないが、指導要領から外れている」と。

高校の場合は教科の専門性が高いので全教科の指導要領に精通している校長などはまずいない。したがって、校長の経営方針に沿っているかどうかが最も客観的な根拠となる。それはまた、校長の言う通りにやっているかどうかということであり、言われたことだけをやっていればいいんだという意欲の喪失と諦めをつくっていく。私はそれこそが教育の退廃化だと言ってきた。事実、誰に聞いても学校を支配しているのは無気力と諦めの増加だと言う。

このことは校長の教育観、実践をとらえる力量が問われているということでもある。だからこそ私は、視点として、評価する者は評価されるのであり、業績評価を通して教育論議を高め合おうと呼びかけたのである。私にも自信はないからだ。

こうして業績評価は結局のところ、校長の教育力量内に教師集団の教育力を閉じ込めてしまうことになるのだ。私はそのことを最も恐れた。だから本人の納得なしに評価はつけなかった。

②授業の監視・管理では指導力は高まらない—無難な授業に

校長仲間の雑談で、ある校長が嘆いていた。

あるとき突然、教育委員会から校長室に電話があり「すぐ＊年＊組の教室に行って授業を見ろ」と言う。その後、理由を問い合わせると、授業中その教室の生徒から、「＊年＊組の＊＊先生の授業中だけれど、授業がひどすぎる。何とかしてほしい」と教育委員会に携帯電話があったというのである。第一生徒が教育委員会の電話番号を知っているはずはない、何か意図的だとか、授業中携帯をかけるという生徒はどういう授業態度だったのかというようなことがその場の話題になったという。

私は、ついにそういう状況にまでなったのかと思った。大して驚きはしなかった。授業観察や生徒による授業評価のマイナス面の行き着く先にはそういう状況がある。

生徒はよく知っているのだ。自分たちがそうされてきたように、授業観察というものが、校長がその先生の授業を監視し、評価するものであることを。だから授業観察は校長のみならず「生徒や親からも監視される」ものとなっていく。教師と生徒、生徒相互が学び合う「学びの創造」をむしろ破壊していく。学びに最も必要な自由な教室空間を壊す。私は授業観察をしていて生徒の様子にそのことを実感させられた。

③教育活動の基盤である「協働性」を破壊する

私は学校経営方針を立てるに当たって、先生方の協議にかけた「経営計画の前提として」の一つに、「一人の優れた教師より、協働する全教職員集団を」ということをあげた。教育という営みの特質はもともと一対一の関係ではなく集団的・系統的営みである。教師を個別に評価して給与にまで差をつけるなどということは、この協力・共同の関係をバラバラにしていくものでしかない。私はそのことを一番恐れた。

確かに「問題を持つ」教師はどの学校にもいる。教師から体罰を受け、校長室に駆け込んできた生徒もいた。授業が終わるなりクラス代表が校長室に来て、「T先生を辞めさせてください。辞めさせられないなら、教育委員会に訴えます」ということもあった。

もちろん私は生徒の話を充分聞き、その教師とも話をし、授業も見、個別の対応はした。しかし、基本的にはその教科の先生たちに事実を話し、教科としてその教師の問題をどうするのか当人を含めて考えてもらい、具体的改善策をつくってもらった。

一人の教師の有り様はその教師集団の有り様と切り離せない。その教師の問題を通してみんなが変わっていく中で当人も変わっていくのだ。それは生徒指導で充分体験してきた。それぞれにプライドを持った教師に、職階の上下の関係で指導してもそれだけでは変わるものではない。教師は教師集団の中で互いに学び合い育っていく。業績評価はそういう関係を破壊し、個別の問題に矮小化してしまう。

とりわけ、今日、新任教師が置かれている状況は厳しい。私の新任時は、初任研修は始業式前に都立教育研究所で三日間だけあり、最後ははとバスで東京見物であった。学校では授業と放課後は部活動指導、校務分掌は簡単な事務作業程度だった。生徒と接することを何よりも大事にしてくれた。今では考えられないことである。

希望に燃えて教師になっても一年目で学校を去る初任者は全国で年々増え続けているが、その中でも東京は突出しており、二〇〇八年度は全国数の二五％もの七八人が去った。そのほとんどの七六人が「依願退職」であり、うち二四人が「病気理由」。その全員が「精神疾患」なのである。（文部科学省「公立学校教職員の人事行政の状況調査について」２００９年11月４日）

業績評価で教師がバラバラにされているなかで、一年間の条件付採用で、正式採用になるかどうか業績評価を絶えず気にし、三〇〇時間の初任者研修に追われ、先輩教師に相談したり支えられたりという余裕ももてないでいる。若い教師を育てるのは評価などではなく、生徒と深く関わる余裕であり、管理職を初め、同僚教師たちが励まし支えることである。業績評価はそれを奪っている。

私は業績評価をつけながら、こんなにも教師を苦しめ、つける私自身をも苦しめるものがどうして教育活動を活性化していくものになるのかとつくづく考えさせられたものだ。

3 「憲法・教育基本法」も否定した教育委員会

(1) 石原知事を支える「特別な教育委員会」メンバー

私の校長赴任と同時に石原都政が始まると（1999年）、学校制度、学校組織と運営の改編に続いて教育内容そのものの強権的再編が進んでいく。そのために先ず教育委員会を米長邦雄教育委員の言うところの「石原知事を支える特別な教育委員会」に変えていった。

清水司教育委員長（元早稲田大学総長・東京家政学院大学理事長）のもと、鳥海巌（元丸紅会長・東京ホーラム社長）、米長邦雄（棋士）に続き、二〇〇〇年七月、総務局長から副知事格の特別職として横山洋吉教育長が就任した。その後、内舘牧子（脚本家）が就任、私の校長時代は在任していた国分正明（元文部事務次官）を加え、以上の六名であった。

石原知事の右腕としてのこの六名からなる都教委がいかに特別なものであるか、二〇〇四年の日の丸・君が代についての教育委員会からの発言を紹介してみる。

清水委員長「大事なことですからね。日本人なんだから。日本人じゃないということを証明するなら別ですけど」

鳥海委員「(日の丸・君が代に反対する教職員は)半世紀の間につくられたガン細胞のようなもの。少しでも残せばすぐ増殖する。徹底的にやる。あいまいさを残さないことが非常に重要だ」

米長委員「職務命令を出さなかった校長は規律違反だから指導部長が呼びつけて、高等学校指導課長の前でわびさせることをやってもらえるか」

内舘委員「(職務命令を出さなかった校長たちは)ばかな人たち」

また、国分委員は皇国史観に基づいた「新しい歴史教科書をつくる会」の『新しい歴史教科書』(扶桑社)を都立校に採用させた推進論者である。中でも米長委員の特殊性は際だっている。教育施策連絡会で私たちに対して、

「(日の丸・君が代に続いて)今後大事な問題は男女混合名簿です。これは徹底した闘いになるでしょう。教師が都教委に闘いを挑んできたんです。校長先生は毅然とした態度でこれをはねつけなくてはいけません」

と「ジェンダーフリー」を攻撃、私が退職した年(2004年)には、都教委は「ジェンダーフリー」という言葉を使用しないよう都立学校に通知するまでになる。

私は在任中、教育委員会の校長への「指導」でその驚くべき「特別な」「特殊性」を思わされた

ことが三回ある。

先ず、校長連絡会（注・月一回全都立高校長が一堂に集められる教育委員会からの指導・連絡の場）での横山教育長の就任挨拶に驚かされた。彼は開口一番、次のように言ったのである。

「私は教育のことも、学校のことも全く分かりません。しかし、長く都の行政マンとしてやってきて、税金一円の重みを身にしみて感じさせられてきました」「出世しようと思わないような職員は信じられません」

私はこの言葉に、教育のことも学校のことも教師とはどういうものかも全く知らない行政マンを教育長にして、教育の道理とは別の論理で改革するという石原都政の異常なあり方を感じ取った。こういった教育委員会は、都議会の学校教育への直接介入と一体となっている。

(2) 教育委員会基本方針から「憲法・教育基本法・子どもの権利条約」を削除

二つ目は、二〇〇一年一月、東京都教育委員会はその基本方針から「日本国憲法及び教育基本法の精神に基づき、また児童の権利に関する条約等の趣旨を尊重して」を削除するという信じられないようなことを平然と行ったことである。

さらにはこの五月一〇日、毎年全都公立の幼稚園から大学までの校長を集めて、知事をはじめ全教育委員が出席して行う教育施策連絡会で、米長邦雄教育委員はこう言ったのである。
「東京の教育はガラッと変わったはずであります。東京都で大きく変えたことは、人事考課制度の導入と教育目標の改正、この二つであります。このことは画期的なことであります。新たな教育委員会の方針は教育基本法を完全に否定したんです。それを分かっていない校長がいるので困る」

教育行政の基本方針から憲法・教育基本法を否定し、そのことを誇らしげに語る教育委員会。そこまでと、私はさすがに驚いて閉じていたノートを開いてすぐメモにとったが、書きながら悲しみさえ感じたことを思い出す。一緒に帰った校長が、「東京の教育も終わりですね」としみじみと言った。この米長委員の言葉を職員会議でも報告したが、それがどんなに私のみならず教職員の絶望をつくっていったことか。

東京の教育またその改革の本質は、まさにこの憲法・教育基本法・子どもの権利条約の否定の上に成り立っているのである。後の卒業式における国歌の起立斉唱での教職員処分をめぐる裁判で私は証言に立ったが、そこでこのことを指摘し、憲法・教育基本法を否定する教育委員会に法的正当性を主張する資格はないということを怒りを込めて述べた。

(3) 政治的介入・干渉の中での七生《なな お》養護学校事件

三つ目は、二〇〇三年五月の校長連絡会で学務部長が、

「公立は都議会の統制に服することと、国の指導要領に従うという、ようやくまともな状態になってきた」

と講話したのである。ここでも私は怒りというよりも唖然とした。こういう教育行政の下で働く自分をはじめ教職員の惨めささえ感じさせられた。そしてその二カ月後、七月二日には、T都議が七生《なな お》養護学校の性教育を激しく攻撃し、石原知事と横山教育長はそれに呼応、二日後にはT都議ほか二名の都議と大勢の都教委の職員が七生養護学校に乗り込み、同校の先生たちを罵倒し、教材を持ち去るということまで起こった（注5）。


この事件をめぐる裁判で〇九年東京地裁は、

①政治家である都議らが、政治的な主義・信条に基づき、養護学校の性教育に介入・干渉したことは教育の自主性を阻害し、旧教育基本法第10条の「不当な支配」に当たる

②都教委はこのような都議の不当な支配から教員を保護する義務があったのに、政治介入を放置したことは保護義務違反

として、都教委と都議らの政治的介入を糾弾した。しかし都教委はその後も「都議会からの要請」として、私たち校長にハッパをかけ続け、卒業式・入学式における日の丸・君が代問題では、一部の都議の強硬意見に教育長がその場で呼応して、校長に対して職務命令を発するという、命令と強制の教育が強められていった。

東京の「教育改革」はこのような憲法・教基法否定の上に、政治的介入・干渉と一体となって進められてきたのである。

〔注5〕七生養護学校事件＝比較的軽度の知的障害や極度の情緒障害がある子どもたちが多く通学する東京・日野市にある七生養護学校では、子どもたちが性に対する無知から様々な被害・問題に遭うことを考慮し、発達段階に応じた性教育を行ってきていた。その教材は、具体的でわかりやすいように、「性器付き人形」、体の各部位の名称を歌詞にした「からだうた」（性器の名称もその中で教えた）、精通を教える「箱ペニス」など工夫がこらされたもので、その実践は東京都教育庁が後援する研修でも取り上げられるなど、高く評価されてきていた。

ところが二〇〇三年七月、都議会でT都議が「都立養護学校で過激な（不適切な）性教育が行われている」と質問。石原知事は「異常な教員が異常な教育をしている」と、横山教育長は「口に出すのもはばかられる、どれを見ても不適切な教材だ」と即応して攻撃した。二日後には都教委および都議らが新聞記者を同行して同校を訪れ、その場から性教育に使用されていた全教材を没収、「過激な性教育を行っている」とテレビ、産経新聞などで報道した。

その後、都教委は全ての盲・ろう・養護学校に監査を行った結果として、同年九月、教職員・管理職ら一一六名を処分。一二月、七生養護学校の七九名の教員を第二次処分。七生養護学校金崎満校長は一カ月の停職と教諭への降格という処分を受けた。その処分内容というのは性教育問題ではなく、不正な学級編成とか服務問題という全くいわれのないものだった。

これに対して、二つの裁判が起こされた。一つは、性教育への不当な介入に対する損害賠償を求める「こころとからだの学習裁判」、もう一つは金崎校長の「不当処分取消請求」の裁判である。金崎校長の処分取消請求裁判は、東京地裁、高裁ともに「処分を取り消す」という全面勝利判決。都教委は最高裁に控訴したが、二〇一〇年二月二三日、控訴を「受理しない」との決定で、不当処分であったことが確定した。都教委はこの件に関する謝罪要求に対しても一切応じていない。また、「こころとからだの学習裁判」は、二〇〇九年三月一二日東京地裁で、都議らの性教育介入は「不当な支配」に当たること、都教委は都議の不当な支配から教員を守るべき「保護義務」を怠っていたとして都と都議等に賠償命令が出され、都が控訴している。

4　解体された校長会

私が校長になって二年目までは、自主的な団体である校長協会が自主的に運営する学区ごとの校長会があった。教頭会、事務長会も同様であったが、月一回、午後半日の日程で、各学校を会場として持ち回りで（出張扱い）行われた。司会は学区校長の幹事が行い、そこに教育委員会から学区担当の指導主事が参加して、教育委員会からの連絡や課題提示等があり、それについて自由な討議が行われた。

私は正直のところ、校長会なるものに一定の偏見をもっていた。しかしそれは一変させられた。そこでは学校現場での苦悩が出され、そこからの教育委員会に対する要望や、ときには激しい批判も出された。それらを指導主事が持ち帰った。それは教育委員会が学校現場の声を吸い上げる場でもあり、教育委員会と学校現場の意思疎通の場でもあった。

ところが、入学式・卒業式等における「日の丸・君が代」についての「実施指針」（99年通達）と「人事考課制度」（00年実施）を前にして、一九九八年に教育委員会の肝いりで、若手の校長たちの「自主的勉強会（情報交換会）」なるものができる。その学習会で教育長が、「ベテランの校長は現場にとらわれて改革できない。若手の校長に期待せざるを得ない」と述べたことから、次第にこの会の裏の趣旨が明らかになっていき、その内実はベテラン校長たちが言う「第二校長会」ともいうべきものだった。当時の校長会会長が退任挨拶で「スパイのようなことをしている」と怒りを語って激しい論議になった。

この動きの中で、人事考課制度の導入に対し、校長会は委員会を作って調査・研究し、教育委員会に対して「導入は時期尚早」との意見をあげたのを機に、二〇〇一年からは自主的な校長会を認めず、全都校長を一堂に集めた「校長連絡会」に改編した。そこでは教育庁各部課長級が次々と壇に立ち、一方的に連絡・報告・指示をするもので、幾つかの質問は受け付けても協議は全くできないものになった。

これにより私たちは、校長間の協議の中で現場の声を反映させる場が奪われ、現場の声は校長個人の意見として教育委員会の各担当者とのヒアリングに限定されてしまったのである。

私たちはその後、大きな課題については（例えば卒業式問題等）勤務時間後、あるいは休暇をとって自主的に学区内で集まって各校の情報や意見交換をすることしかできなくなってしまった。

校長の声、学校現場の声は聞かないという教育委員会の姿勢は強まり、その後、重要な施策についても『産経』や『読売』の新聞発表で知るというようなことが度々起こった。

5 「学校運営」から「学校経営」へ

(1)「校長は教育者ではない、経営者である」

私は初めて持ったクラスの父母会で、ある母親が子どもの抱える苦悩を語って、新米の私に、「先生、どうか子どもたちの心の奥底をとらえていってほしい、教育はそこに迫っていってほしい」と訴えられた言葉を、また、ＰＴＡ学習会で、「子育てや教育というのは、いかに生きるかという私たち自身の課題を子どもと一緒に実践していくことではないでしょうか」と言った母親の言葉を忘れることはできない。まさに教育という営みは、生徒と教師との直接的な人格の関わりを通して、親と共に育て、共に育っていく営みである。教育は営利を追求する企業ではない。

ところが、管理運営規則の改定で校長権限への一本化が図られる中で、今まで学校「運営」と言われたことが「経営」という言葉に変えられてきた。この言葉には本当に違和感を感じさせられてきた。

校長になった翌年（２０００年）には「学校経営方針」の教職員への提示と教育委員会への提出が求められ、この年、教員免許も持たず教壇に立ったこともない民間人校長が企業から任用された。そして「学校は競争の場である。都立校を変え、東京から日本を変えていく」という石原知事のもとで、私たちは校長連絡会等で絶えず次のようにハッパをかけられてきた。

①「校長は教育者ではない、経営者である」
②「学校は教育の場であり、経営（マネジメント）に馴染みにくい世界であるとの誤解が一部にあるが、学校経営計画を導入する趣旨は、学校に経営の視点を明確に導入することにある」
③それによって「総合的な視点から学校評価を行い」
④その結果で「ヒト・モノ・カネの重点投資と指導面での重点支援を行う」
⑤このことで「学校間競争の第一歩が始まる」

このもとで、同時に前述した「業績評価」（教員評価）が導入され、翌〇一年には校長の学校経営を補佐する外部委員を加えた「学校運営連絡協議会」が全校実施され、その中で「学校評価」が義務づけられた。〇三年には経営方針は数値目標を入れた「学校経営計画」に変えられ、これまで全都が十一に分けられていた「学区」（注6）は撤廃され、生徒も教師も学校も全面的な評価と競争の場へと投げ込まれていく。

そして校長には求められる課題として、「SWOT分析による人材資源の活用」「キャリアアップのためのコーティング」「学校組織マネジメントにおける管理職の役割」等、教育の道理を抜きにした経営研修が課せられている（06年度校長任用前研修）。学校を教育の場として取り戻すには、まさに行政用語ではなく、「教育の言葉」を取り戻さなければならないとつくづくと感じさせられる。

この「学校経営計画」は今まで繰り返し述べてきたと同じように、校長の独自の方針や計画を作らせるものではない。教育委員会の指導に沿った「1　目指す学校像」「2　中期目標と方策」「3　今年度の取組目標と方策―①教育活動の目標と方策、②重点目標と方策」を作るよう、作成形式まで決められたものである。そこには評価できる数値目標を入れなければならない。学校の個性化どころか画一的指導をつくらせるものでしかない。私が苦労したのは、そこをどう突破できるかということであった。

〔注6〕学区＝公立高校の通学区は、「地方教育行政の組織及び運営に関する法律」第50条で「都道府県教育委員会は、高等学校の教育の普及及びその機会均等を図るため、教育委員会規則で、当該都道府県内の区域に応じて就学希望者が就学すべき都道府県委員会又は市町村委員会の所管に属する高等学校を指定した通学区域を定める」とあったのを、二〇〇一年にこの規定を削除。以後、私立を含め、全都400校以上の高校から自分の志望校を選ばなければならなくなり、受験競争はさらに激化した。

⑵　私の「学校方針」づくり

先にも述べたことだが、私は、評価も数値目標も競争も否定するものではない。しかしそれが教育活動に流れる血を抜き取っていくものであってはならない。当事者である生徒・教師・父母の集団的検証の中で、互いを高め合うものでなければならないと考えている。そもそも評価や数値目標に基づいた目標や計画づくりは、どの学校でも教師集団が自主的に行ってきていることである。

私の経験してきたどこの学校でも、年度初めの始業式前に各校務分掌・学年の方針と年間計画を出し、職員会議で協議した。年度末にはその総括会議をもった。二日間かけて行った学校もあった。そこでは、例えば生活指導部からは特別指導生徒数、部活動の参加状況等の数値とその推移が出されるし、進路指導部からは就職・進学実績等、教務部からは留年・退学者・遅刻者等、保健部からは保健室利用者やその状況が数値で出される。それをもとに生徒状況をどう改善するかを協議し、学校としての年度の教育活動の柱をつくっていく。

勤務二校目のF高校のときには、夏休みに校長・教頭も誘い一泊しての校内合宿をもった。昼間は若手教師の授業やHRづくりのレポート報告、夜は酒を飲みながら学校の様々な問題を話し合った。学年をもったときはPTAと共に、生徒の出身中学校の先生を招き、生徒状況報告と中学校からの要望を受け止める会をもった。その高校でも久留米高校でも、生徒・父母・教師による「三者懇談会」を開催していた。生徒・父母の声を受け止めて、共に学校づくりをしようと目指した。

教師自らのこうした主体的な学校づくりは行われてきたのである。私はこの「経営方針（計画）」をつくるに当たって、何よりもこういった教師集団の自主的な取り組みを大事にすべきであると考えた。そして、そういう現にやられている教師自身の学校づくりに基づいたたたき台を出し、職員会議の協議にかけてつくっていった。

赴任時に先ず職員会議で教職員から要求されたのは、「校長としての考え・教育観をはっきり出せ」ということだった。それはもちろん校長の考えに従うからという意味ではないが、私はそのことは校長としての責任であると思っていたので、「学校経営方針を作るに当たって――私の基本姿勢」を出し、教職員の意見を受け止めようとした。

1　教育は「愛とロマン」――教育に「人間的価値」を貫こう。

①「人間好き」と生徒の「成長へのロマン」こそ教育の原点。
②生徒一人ひとりの「人間的発達」に徹底的にこだわろう。
③そのためには、私たち一人ひとりが「私の人間論」と、今日における「一人前像」をもとう。
④来るものは拒まず、去るものは追う。10回裏切られたら、11回期待する。
⑤厳しさのない教育は生徒を馬鹿にした教育。「厳しさと将来への期待の統一」を。

2　教育は実践でしか語れない――教育実践で外に打って出よう。

①教育観の違いではなく、「生徒をどうとらえ、どう働きかけたら、生徒はどうなったか」を深め合い、互いに検証し合おう。
②情勢から生徒をとらえるのではなく、「生徒を通して情勢をつかむ」

③マイナスをマイナスとだけでとらえるのではなく、「マイナスをプラスに転化する」取り組みをつくり出そう。
④「厳しいときは新しい道の拓けるとき。複雑になればなるほど本質が見えてくる」
⑤「生徒の自己形成」の課題と「私たち自身の自己形成」の課題を統一しよう。

3　全教職員が「協働する学校」――一人の優れた教師より協働した集団の取り組みを。

①「議論のないところに活力なし、納得なしに意欲は生まれない」、納得するために大いに教育論議を深め、一致点をつくり出そう。
②「全・定教師、行政系職員との連携、協力体制」を。そのための定期的意思疎通を。
③生徒と私たち自身のあらゆる階層の集団に「真の民主主義」を追求しよう。

4　「公」の立場に立ちきる――「私」的な関係から「公」的な関係づくりを進めよう。

①「教育専門職」としての誇りと責任を追求しよう。
②「教員」から「教育者」としての在り方を追求しよう。
③「仲間にこだわり、仲間の中でかえって不自由になっている」ようなことはやめよう。

5　地域に根ざした「開かれた学校」を――「競育」ではなく「共育」づくりを。

①「生徒のことは生徒の中に入って学ぶ、親のことは親の中に入って学ぶ、地域のことは地域の中に入って学ぼう」。

②「批判は期待の裏返し」、先ず批判を受け止めよう。
③生徒、親、地域の声を「つまみ食いしない、ダシに使わない」
④いまこそ、「みんなの、みんなによる、みんなのための学校づくり」を。

6　ガラス張りの学校に――ウソをつかない、ごまかさない、言い逃れをしない。

その上で、全日制・定時制別に「校務連絡」で「資料―本校の課題を考えるために」として、各分掌等で出したものを私がまとめて協議資料として出し、（①私が赴任して以来の入試状況の推移、②留年・退学者数の推移、③特別指導生徒数、④部活動参加者数と活躍状況、⑤進路状況、⑥学校評価アンケートの結果等「生徒の現状」、「地域と結んだ多彩な取り組み」）、その上で、それについての全教職員のアンケート（①「生徒状況の問題点、それに対する必要な指導は何か」②「具体的指導の現状と課題」「学校運営についての教職員の校長・教頭への要望」）の意見をそのまま紹介した。

これを職員会議に出し、教職員の意見を受けて「学校経営方針」をつくった。学校運営について私も気づかないことを指摘される。そういう個々の意見をどう全教職員のものにしていくかが「経営方針」づくりであろう。ちなみに先生方のアンケートの中には次のような意見もあった。

◆分掌代表に関して、男性を登用する傾向がうかがわれる。必置の教務・生活指導・保健・進路は女性だとよくないのか？

◆いろいろなことが裏で決まっていく。表から手続きを踏むとつぶされ、裏で主体が明らかにされないものが通っていく。生徒・教員とも弱いものの人権は無視されている。

具体的提言もたくさん出される。

◆問題となっている部活動のために入学したが、途中で挫折した生徒への指導がなされていない点（アフターケアー）を打開するため、近隣の保育所・幼稚園・小学校への実験的スポーツサポート的役割をもたせられないだろうか。異年齢の交流となり、立派なボランティア活動となり、幼児・小学生から尊敬され慕われれば、挫折した生徒も自己有用期間を得て、自信の獲得になりプラスの効果があると思う。これからは学校内に留まるのではなく、どんどん外へ打って出る必要がある。

校長への叱咤も激励もある。

◆学校現場には現在あらゆる訴え、矛盾が投げ込まれてくる。しかし残念ながら、学校には全く権威がない。個々の教師は己のささやかな矜持と、人間的な直感と、これまでの経験と、培った教養、そして現実社会への洞察力によって、かろうじて授業を、ＨＲを、「崩壊」から守っているのである。……「教育」の二文字を見るのは正直のところ苦痛である。自律と責任なくして真の助け合いはありえない。長くかかるだろうがそこにしか希望はない。それをつくり出す先頭に立つのが管理職であろう。

◆校長・教頭のせいではないが、次から次へと押しつけられてくる「改革」で我々の意欲はどんどん無くなってきているというのが現状。現場を無視した今のようなやり方で学校の活性化など絶対にありえない。一生懸命やってきた人ほどやる気がなくなってきている。どうにかしてほしい。校長の言うように、自分たちの意見が生かされるから意欲が湧くのであって、もっと校長のやりたいようにやらせるよう要求してほしい。

◆教職員とは酒も飲まない校長が増えていると聞く。それにくらべれば校長はしょっちゅう教師たちと酒を飲んで教育論議をしているのはいいことかもしれない。しかし、酒を飲めない、またそういう席の嫌いな教師だっているのだということを自覚すべきだ。

私がかつて感動させられた実践記録本に、熊本の中学校教師だった上田精一先生の『教育はロマン――どんな子も切りすてないために』（民衆社／1982年）がある。その「序にかえて」を丸木政臣先生が「民衆の酒焼酎で語る　教育のロマン」と書いている。

私は教師になるまでは酒は飲まなかったが、教師になってから先輩教師から飲み屋に誘われ、そこで教育論を聞かされた。赴任二校目の学校で飲まされ吐いて以来、飲み屋が教育研修所になった。職員室や職員会議の議論をそこで引き続きやった。

教師というのは飲んでも教育の話しかできないものである。学校でも体育祭や文化祭等、遅くまでの後かたづけが終わると、校長室に集まって慰労会をした。校長室のロッカーにはいつも酒があった。まさに酒で教育のロマンを語ってきた。

しかし今や学校で酒を飲むなどということは禁じられてもいるし、考えられない。日常、先生たちと酒を飲む校長・教頭もほとんどいなくなった。前記教師の忠告のように、酒を飲むことが良いことだとは私も決して思ってはいない。そういうことが嫌いな先生方も含めて、教育のロマンを語れる場、余裕が欲しいと思う。

第Ⅲ章　命令と強制の「日の丸・君が代」問題

1　卒業式で強制された「職務命令」

(1) 国旗掲揚と国歌の起立斉唱を義務づける通達

どの学校もそうだが、新校長が赴任すると、その学校の教職員組合（分会）役員がやってきて（注・校長交渉と言われてきた）、学校運営の慣習を示し、それを守るように要求される。そして学期初めの最大の課題である入学式での日の丸掲揚・君が代斉唱について、「しないように」と交渉されるのが赴任時の最初の洗礼である。私もそうであった。

久留米高校では前校長と教職員との合意で、日の丸は教職員正面玄関に竿を立てて掲げていた。君が代斉唱は行っていなかった。入学式実施要領はすでに決まっていたことであり、私はそれ以上のことをするつもりは全くなかった。

ところが赴任した年の卒業式に向けて、一〇月一九日（１９９９年）全校長が招集され、「校長は、学習指導要領及び『実施指針』に基づき、実施するよう」とした、「入学式及び卒業式における国旗掲揚及び国歌斉唱の指導について」という「教育長通達」が出された。ここから私の教職生活最大の苦悩が始まった。その「実施指針」とは次のようなものである。

> 1　国旗の掲揚
> 　式典会場の正面と、屋外の来校者が十分認知できる場所に掲揚する。掲揚は生徒の始業時刻から終業時刻までとする。
> 2　国歌の斉唱
> 　式次第に「国歌斉唱」と記載し、司会者が「国歌斉唱」と発声する。

そして伴奏用のＣＤが配布された。

また、実施指針通り出来ない場合は職務命令を出すようにということ、職務命令を発して職員がそれに従わない場合は「服務上の責任を問われることがある」ことを周知させること、生徒・保護者に対して十分説明すること（その後、日の丸・君が代が太平洋戦争までにどのような役割を担ってきたかという歴史上の問題点も含めて言って良い、という指導課長の指導があった）、地域選出の都議会議員を来賓として招待すること等が指導された。

その後、校長は個別に教育委員会に呼ばれ、事前に実施状況について報告が求められ、強く指導された。事後にも結果についてのヒヤリングを受けて指導されたのである。

この時点でも、国旗・国歌問題を教育の最大課題とする教育委員会の強制は異常なものであったが、通達会場でのある校長からの「これは職務命令なのか」という質問に、指導部長は「そう受け取ってもらっても結構です」と曖昧な答えをしたように、まだこの四年後に通達される「新実施指針」（後述）の異常さに比べれば校長が裁量する余地はあった。（注7）

だから正直に言えば、私もそうであったし、ほとんどの校長たちは、先ず教職員の強い抵抗を思ったし、その中で教育委員会に対してどこまで言い逃れが出来る形をつくれるかということに腐心し、苦悩もした。それは結果として、都立高校二百数十校のうち職務命令を出した校長は二〜三人であったということからもはっきりしている。私はこの通達を職員会議で報告するとともに、

「私は教育に強制はなじまないと考えているので、職務命令は私がいる限り出しません」

と明言した。それを受けて当然、前述の分会交渉があった。定時制との話し合いは特に熾烈であった。一人の分会役員は、いかに国旗・国歌の強制が不当なものであるかという長文のレポートを私に渡して講義して聞かせた。そこで私は、この問題をどうとらえるかという、私の率直な考えを「校務連絡」で出した。

1　卒業式・入学式とは何か

(1)現在の問題に対する前提として

国旗・国歌のための卒業式ではないし、都議や行政のための卒業式でもない。生徒のためのものであること。

(2)卒業式・入学式とは

①本校の全課程を修了したことを認め、卒業証書を授与する（入学を許可する）。

②教職員、保護者、在校生徒と共に、生徒の卒業（入学）を祝い、新しい進路を祝い、励ます。

③三（四）年間の指導の総括であり、最後の（最初の）授業である。

(3)視点として

①あくまでも生徒を主体とした式に。

②保護者の気持ちを大事にする。

③同時に、生徒それぞれの、保護者それぞれの分裂をまねかないようにする。

④「式」であり、「会」ではないことの区別をはっきりさせ、儀式文化の創出を。

⑤「教育活動」としての式を阻害するような外部的介入は排除する。

2　国旗・国歌問題について

(1)今までの議論を踏まえる

①学習指導要領をめぐる問題。
ⅰ　法的拘束力をめぐる問題。
ⅱ　強制することと教育的指導の関係について。
ⅲ　生徒の内心の自由と指導の関係について。
ⅳ　教師の職務と思想良心の自由（憲法19条）をめぐって。
②全体の奉仕者としての教育公務員としての立場をめぐる問題。
ⅰ　教師の思想信条と指導内容の関係をめぐって。
ⅱ　教育委員会と学校の関係をめぐって。
ⅲ　教育の内的事項に関して、学校教育法28条6「教諭は、児童の教育をつかさどる」と、同3「校長は、校務をつかさどり、所属職員を監督する」との関係をめぐって。
③憲法・教育基本法と国旗・国歌を強制する教育をめぐる問題。
ⅰ　国旗・国歌と天皇制をめぐる問題。
ⅱ　戦争加害の歴史と国旗・国歌が果たしてきた役割をめぐる問題。
ⅲ　今日の教育課題と国旗・国歌の意義について。
ⅳ　象徴と権威がもたらす作用と教育における人間形成について。
④スポーツ、海外旅行、沖縄復帰運動等における役割と、卒業式・入学式の国旗・国歌問

題での役割の関係をめぐる問題。
i　日の丸・君が代は国旗・国歌なのかを巡る問題。
ii　国旗・国歌はどういう場面で使用されるべきなのかをめぐる問題。
iii　強制し処分まですることと、自主的行動との根本的な違い。

3　本校としての課題

⑴国旗・国歌が当面する学校現場の最大の教育課題なのか。
①職務命令は教育にはなじまない。
②歌うことを強制しない。
③先生方の意思は右記2を踏まえて十分理解している。
④係分担の交代は可。
⑤マイナス面をプラスに転化する取り組みをし続けることが大事。予行時における国旗・国歌問題をめぐる指導を。
⑥旗と歌の準備は管理職が行う。
⑵校長の個人的教育観と立場について
①「国旗は会場正面に」→何らかの形で壇上にせざるを得ない。
②「司会者が『起立』『国歌斉唱』と発声する」→お願いせざるを得ない。

③「都議を招待する」→東久留米市（無所属）・清瀬市（共産党）に招待状を出す。

こうして、結果としては日の丸は壇上の端に三脚で掲げ、教頭が「起立・斉唱」まで行ってから司会者に代わり、都議も招待した（挨拶はなし）。定時制は音楽室を会場として行っていたが、司会は教頭が行った。

また、マイナス面をプラスに転化する取り組みをという視点から、例えば八月一五日を生徒登校日として、一斉に平和教育を組む等の呼びかけをしたが、教職員からの反応は無かった。さらに、式の予行時に生徒に対して、日の丸・君が代をめぐっての話を教師からすることは構わないし、何を話そうと先生方で自由に考えてほしいと言ったが、これも卒業学年から「話す人が出ないので校長がやってくれ」と言われたのには正直落胆した。そこで予行のとき、私は生徒たちに、

「今回の卒業式から壇上に国旗、式の中で開会の辞に続いて国歌を斉唱することとなりました。これについて前もって説明しておきます」として、要旨次のような話をした。

※全校生徒に語った日の丸・君が代問題

〈1〉まず、憲法97条に掲げられた「基本的人権」について触れた上で――あの悲惨な戦争によって、私たちの国は、戦死・戦没者二三〇万人、海外で死亡した民間人三〇万人、原爆・

戦災死亡者五〇万人の犠牲者を出し、さらにアジア諸国民の死亡は二千万人以上と言われている。今私たちの生きている社会はこういう犠牲の上に作られたのであり、あの悲惨な過ちを再び繰り返さないようにという反省の上に成り立っている。だから、憲法12条では、「この憲法が国民に保証する自由及び権利は、国民の不断の努力によって、これを保持しなければならない」と明記されており、自由や権利を守る日常的な努力をし続けなければ、また奪われてしまうかもしれないと警告している。

〈2〉そして、日本軍がアジア全域に侵略していった、その先頭に常にひるがえっていたのが「日の丸」であり、一方、「君が代」が「天皇の代」が永遠に続くことを願った歌であることも事実である。だから、この国旗・国歌については私たちの中にもいろいろな思い・考えがあり、皆さんの中でも、またご家族の中にも様々な思い・考えがあって当然である。私はそういう様々な思い・考え方を大事にしたいと思っている。したがって、今回の卒業式における国旗・国歌は先生方の自主的な意見でやるのではないということを先ず言っておきたい。本校も公立高校として東京都の教育委員会の指導の下にあり、その強い指導によってやることになったものである。

〈3〉やるに当たっては、憲法19条には「思想及び良心の自由は、これを侵してはならない」と明記されており、いわゆる一人ひとりの内心の自由は誰によっても侵すことはできない。したがって、これを皆さんに強制するものではない。
〈4〉しかし、卒業式を、卒業を認定し、みんなで祝い、皆さんの将来を励ます素晴らしい式にしたいというのは、私たち全員の一致した思いである。だから、それを妨害するような何らかの一斉行動をするということだけはないように。

その後、この問題で職員会議で遅くまでやり合うということは退職まで一度もなかった。教職員組合からは二、三の問題で申し入れはあったが、いわゆる校長交渉なるものはほとんどなかった。それがいいことかどうかは分からない。退職後、ある民間教育研究団体の研究会で私と一緒の分科会になった教師が、「渡部校長は組合潰しの名人です。私たちは骨抜きにされた」と冗談まじりに私を紹介したが、確かにそうだったのかもしれないと自分のやり方に悔いが残った。

〔注7〕それまでの日の丸・君が代をめぐる現場での状況＝この通達が出されるまでは、学校現場ではもっぱら日の丸掲揚が問題視され、掲げるか掲げないか、どこに掲げるかが校長と教職員との激しい議論になっていた。「会場の壇上に」ということが強く指導されていたが、私の学校でもそうであったように、三脚で掲げる学校が多かった。「国歌斉唱」に関しては、ほとんど行われてはいなかった。また、「職務命令」で強制する校長もいなかった。あくまでも「強い指導」であった。しかし、二〇〇三年の職務命令が出される前には、文科省への報告では国旗・国歌とも100％の実施率になっていた。

(2) 従わないものは処分、新「実施指針」の中身

二〇〇三年一〇月二三日のことである。いつもは水道橋の総合技術教育センターに招集されるが、その日は都庁の大会議室に全校長が招集された。それだけでいつもと違う異常な雰囲気があった。教育長の挨拶の後、指導部長が教育長通達「入学式、卒業式等における国旗掲揚及び国歌斉唱の実施について」を読み上げた。そこでは、「別紙『実施指針』のとおり行うものとすること」「教職員が本通達に基づく校長の職務命令に従わない場合は、服務上の責任を問われることを、教職員に周知すること」として、新「実施指針」（「10・23通達」）が示された。

1　国旗の掲揚について
入学式、卒業式等における国旗の取扱いは、次のとおりとする。
（1）国旗は、式典会場の舞台壇上正面に掲揚する。
（2）国旗とともに都旗を併せて掲揚する。この場合、国旗にあっては舞台壇上正面に向かって左、都旗にあっては右に掲揚する。
（3）屋外における国旗の掲揚については、掲揚塔、校門、玄関等、国旗の掲揚状況が児童・

生徒、保護者その他来校者が十分認知できる場所に掲揚する。
（4）国旗を掲揚する時間は、式典当日の児童・生徒の始業時刻から終業時刻とする。

2　国歌の斉唱について

入学式、卒業式等における国歌の取扱いは、次のとおりとする。

（1）式次第には、「国歌斉唱」と記載する。
（2）国歌斉唱に当たっては、式典の司会者が、「国歌斉唱」と発声し、起立を促す。
（3）式典会場において、教職員は、会場の指定された席で国旗に向かって起立し、国歌を斉唱する。
（4）国歌斉唱は、ピアノ伴奏等により行う。

3　会場設営について

入学式、卒業式等における会場設営は、次のとおりとする。

（1）卒業式を体育館で実施する場合には、舞台壇上に演台を置き、卒業証書を授与する。
（2）卒業式をその他の会場で行う場合には、会場の正面に演台を置き、卒業証書を授与する。
（3）入学式、卒業式等における式典会場は、児童・生徒が正面を向いて着席するように設営する。

（4）入学式、卒業式等における教職員の服装は、厳粛かつ清新な雰囲気の中で行われる式典にふさわしいものとする。

（傍線著者。以下同）

そして、こういう場には異例の人事部長が立ち、「職務命令を出すことが大事である」と言い、その出し方の注意をした上で、「服務上の責任を問うことを事前にしっかり説明すること」をあえて付け加えたのである。さらに、指導部長より、「本通達は、校長に対する職務命令である」と念を押された。

私はこのときの緊張感を忘れることは出来ない。「自分はどうしたらいいんだ……」という苦悶に一挙に襲われた。第一に、教職員に職務命令を出せという通達として受け取った。「私がいる限り職務命令は出しません」と宣言したのに、先生たちを裏切ることになる。何より自分の今までの教育観を最後の最後に投げ捨てることになる。

では、自分を裏切らないで処分されても教育委員会とたたかう覚悟が自分にはできるのか。それは、東京の教育に対する絶望感でもあり、その絶望感は次第に憤りに変わっていった。そして少し冷静になって出てきたことは「どうしたら先生たちを守ることが出来るのか」という思いだった。

※もはや教育ではない

この通達は校長赴任時の前通達とは全く違うものである。

第一に、全校長がそう受け取ったように、この通達は教職員に職務命令を出せという校長への職務命令である。前通達では「職務命令を発した場合、服務上の責任が問われる場合がある」とあったのが、今回は「本通達に基づく校長の職務命令に従わない場合、服務上の責任が問われる」に変えられ、職務命令を出すことを前提とし、従わなければ必ず処分するとなっていたからである。わざわざ人事部長まで出てきて念を押したのだから。

さらに余りの異常さに驚いたというより恐怖感さえ感じたのは、卒業式という一つの教育活動に対して、全く学校の裁量を認めない細部にわたる強制であることだった。通達後、校長連絡会で、学区ごとの連絡会で、また学区担当の指導主事からの電話や校長室へのパソコンメールで、細部にわたる指導を執拗に受けた。

◆職務命令は、教職員全体への口頭での包括的職務命令と、一人ひとりへの文書での個別職務命令を出す。個別命令は、その職員の職務内容とその時間を明記したものを、教頭を確認者として手渡しで出すこと。渡した日時・場所の記録をとっておくこと。

◆国旗は壇上正面に、位置と大きさまで指定され、三脚はダメ。

◆会場は、それまで生徒・保護者・教師の三者で卒業式委員会等をつくり、フロアでの対面式等の創造をしてきた学校の取り組みも否定、必ず壇上で証書を授与する。肢体不自由児の学校でも同じ。
◆全参加者が国旗に向かった席をつくる。生徒は正面向き。生徒席横の教職員や来賓の席も生徒に対面するのではなく、国旗に向かって斜めに設定する。教職員の椅子の後ろには番号を貼り、事前に座席表を教委に提出し、当日監視に来る指導主事等が立たなかった教職員が誰か、後ろから確認できるようにする。
◆司会は教頭はダメ。教頭は教職員の後ろで立たなかった者を確認し記録をとる。
◆音楽専科の教師がいる学校では伴奏は必ず音楽教師のピアノで行う。教育委員会からの楽譜を渡して「この通りに弾いてください」と職務命令を出す。
◆服装は礼服。少なくともスーツ。男性はネクタイ。
◆当日の係は、受付三人、警備五人くらい、他の全教職員は会場に入ること。
◆実施要項は事前に教委の指導を受けてから決定する。
◆事前に、生徒、保護者等に「内心の自由」の説明をしてはならない。
◆教職員の言動を把握し、記録をとっておく。
◆当日は都から幹部一名、指導主事数名を派遣する。

もはや教育ではなかった。私は教育委員会の基本方針から憲法・教育基本法を削除したときの教育施策連絡会の帰り道で、「東京の教育もこれで終わりですね」と言った校長の言葉を改めて噛み締めさせられた。それは諦めに変わっていった。そして、実施指針通りに行わざるを得なかった。

二月に入った職員会議で、赴任時の実施指針が出されたときと同じように、「校務連絡」で今までの詳細な経過と、私の個人的な考え方を出し、自身の苦悩を率直に話した上で、実施指針通りにやらざるを得ないことを述べた。反論はなかった。それだけに余計苦しかった。

ＰＴＡ役員会、委員総会で経過を説明した。クラス委員や委員会等全委員が出席する委員総会で、ある母親が立って、日の丸・君が代については親や生徒の中にもいろいろな立場・考えがある、それを一方的に強制することがどんなに私たちを苦しめるかということを述べて、「校長先生は職務命令を出さないでください」と涙ながらに訴えた。私に言い訳をする資格などない。胸をえぐられる思いでただじっと受け止めるしかなかった。情けなかった。

(3) 私の苦悩—強制は教育にはなじまない

私はこの問題をどう受け止め、何に苦悩したのか。

①国旗・国歌問題が学校現場の最大の課題ではない

第一に私たちは、生徒募集の苦労から始まり、年間を通して人事考課制度に追われ、学力問題から進級・卒業問題、そして進路問題、日常の生活指導問題等生徒の指導をめぐる問題が山積している中で、年二回の卒業式・入学式の国旗・国歌問題が最大の課題などではないということである。多くの校長が語っていたのも、「国旗・国歌を完全実施すれば生徒が良くなるのであれば、何でもやりますよ」ということだった。だから私は「学校経営計画」の課題に卒業式・入学式問題など出してはいないし、それを掲げているという校長を知らない。

私は、国旗・国歌問題は教育課題としてではなく、政治的課題として出されているのであると受け止めていた。

②強制は教育にはなじまない

私は国語の教師である。漢文の多くの教科書に「雑説」として『孟子』巻第三で孟子が弟子の公孫丑《こうそんちゅう》に諭した、次のような話を授業でよく取り上げた。

「宋の国の農民が、苗の成長が遅れているのを心配して、その苗を一本一本引っ張ってやった。家に帰ると『今日は疲れた、苗を引き伸ばしてやったものだから』と言ったので、家の者が驚いて畑に駆けつけてみると、苗はすっかり枯れていた」

私は、その後の「処分取消請求訴訟」で東京地裁の証言に立ったときにこの話をして、「教育の営みというのは、生き物全てがもともと持っている自己成長力を引き出し手助けしてやることであって、決して外側から強制的に形をつくるということではありません。そんなことをしたら孟子の話のように、生徒が本来持っている自己成長力を萎えさせてしまうだけです。そもそも『強制』というのは、『広辞苑』には『威力を用いて、他の自由意志を圧えつけて無理に行うこと』とありますが、教育委員会や校長、また教師の『威力』で生徒また教職員の自由意志を抑えつけて指導するなどということは最もやってはならないことです。そうではなく『引き出してやる』ことが教育の原理であり、本質的に教育に強制はなじまないのです」

と証言した。それに対して東京地裁の中西裁判長は「先生方は皆強制は教育じゃないと言いますが、私の学校時代はみんな強制ばかりでしたよ」と言ったのには、その程度の認識なのかと驚かされた。私は陳述書に、

《それでは一切の外側からの働きかけは必要ないのかといえば、強い要求のないところに教育もまたないとも言えます。生徒への要求を持たない教育は生徒を馬鹿にした教育であり、生徒の未来に無責任な教育だと思います。私たちが強い要求や厳しさが教育に必要だと考えるのは、どんな生徒でも発達の可能性を秘めている、未来を生きる人間としてもっと素晴らしい人間になってほしいと願うからであり、それを引き出してやるのが教師の仕事だと考えるからです。そして、

その私たちの生徒への要求と、今ある自分との格闘を通して、自ら自分の生きる価値を獲得していってほしいと願うからです。それは外側からの有無を言わせず従わせるとか、従わない者は排斥するなどという「強制」とは全く違います。私は生徒に一〇回裏切られたら一一回期待することを信念にやってきました。それが教育だと考えているからです。》

ましてや憲法で保障されている「思想及び良心の自由」について強制し、排除していくことなど許されることではない。初めての職務命令による卒業式での処分が出されたとき、その内容を元ＴＢＳアナウンサー宇野淑子氏はこう言った。

「凄まじい思想信条統制――今一番憂慮すべきは、教育現場での日の丸・君が代をめぐる凄まじい思想信条の統制だ。特に東京都教育委員会のやり方は、クレイジーと言っていい」「まるで異端を弾圧した暗黒時代の魔女狩りだ。恐ろしいことだ」（『東京新聞』／04年4月8日）

③命令と処分で異論を排除していきたくない

そういう教育信念から「職務命令」は出したくなかった。私は命令はしない、だから歌うことも強制しないと職員会議で公言してきた。職務命令を出すということは、反した者は処分するということであり、異論を認めず排除するというところにその本質がある。どう処分者を出さないで済むか、それが前日まで悩みに悩んだことだった。排除の論理は協働を基盤とする教育活動を最も破壊するからだ。しかし、当日は教育委員会から監視の指導主事が派遣され、そこに校長の裁量の余地は全くなかった。私はほとんど絶望した。そして自分に対する情けなさだけが残った。

④一人ひとりの違いを認め合い、協調・共存していくことこそ

私は三八年間の教職生活の中で、実に様々な多くの生徒たち教師たちに出会ってきた。そしてつくづく思わされたことは、人間は一人ひとりみな違うということであり、だから一人ひとりがみな尊いのだということである。

そこから、今日のいじめ問題をはじめ学校教育の課題を考えるとき、一人ひとりの違いを本当に大事にし、その人間への信頼とその信頼に基づく社会的なつながりを回復していくことが大きな課題だと考えてきた。たとえばいじめ問題は、自分と異質な対象をつくり出し、その子を攻撃の対象とすることによって自分の安心を確保する。周りの者たちも攻撃の側に組することによって、或いは黙認することによって、自分たちの居場所を確保するという構図になっている。

この構図を打ち破るには、子どもたちが自分とは異なる考え、在り方、生き方を互いに認め合い、それを尊重し合い、協調していける力をつけてやることこそ緊急の課題である。また、地球時代と言われる国際化のもと、世界の中の日本人の育成を言うならば、それは一つの価値への集約ではなく、異質性・多様性を認め合うことこそが大事である。

職務命令を受けてのＰＴＡ委員総会での説明でも、保護者の方々の中にもいろいろな考えがある、どういう考えが正しいかではなく、互いの考えを認め合って協調し合う在り方を考えていきたいと述べた。

まさに、卒業式・入学式の国旗・国歌問題では、この今日的教育課題が問われている。子どもたちの中に、どれだけ広く、深く、自分以外の人間のことを考えられるかという真の教養を養うこと、一つの価値への同質化・集約を排して、多様な異質の文化、価値、考え方、生き方を認め合い、互いに協調し、共存していく人間を育てること、それこそが今日的教育課題である。

このとき、こういう教育課題を負っている教師に、国旗に向かって起立し、国歌を斉唱することを職務命令で強制し、従わなければ処分するなどというのは、まさしく一つの価値、考え方、生き方以外は認めない「排除」の論理である。教師にこういう在り方の強制をしておいて、どうして今日的教育課題に応えていくことができるのか。私の苦悩の根源はここにあった。そして、『朝日新聞』の社説で言うところの「悲しさ」だけが残った。

「起立せず処分とは——約１８０人（注８）ともいわれる処分は異例だが、処分に至る経過も常軌をいっしていた」「式を妨害したならともかく、起立しないからといって処分する。そうまでして国旗を掲げ国歌を歌わせようとするのは、いきすぎを通り越して、何とも悲しい」（『朝日新聞』

04年3月31日）

〔注8〕被処分者数＝二〇〇三年「10・23通達」でこの年、周年行事・卒業式での被処分者は二〇三名。以後、二〇一一年三月の卒業式までの被処分者は累計四三六人にも及ぶ。その内容は「戒告」から「減給」一～六カ月、「停職」一～六カ月と、他の処分に比べても極めて重いものになっている。

(4) 贖罪を背負う

私は教職生活の最後の最後に大きな贖罪を背負わされた。定年退職最後の卒業式で、それまでの三八年間の教職生活での教育観を投げ捨て職務命令を発して、一人の教師を懲戒処分に追い込んだのである。

卒業式問題については毎回の職員会議の協議とは別に、私は全教師と個別に話し合った。全日制三七名、定時制一三名（計50名）の教師の個人的意見は次のようなものだった。

1、君が代起立・斉唱には絶対反対＝45人（90％）

①処分されても立たない＝5人（10％）

②処分されてまでは考えてない＝40人（80％）
・校長が何とかしてほしい
・こういうやり方でもうイヤになった
・今まで歌っていたが強制では歌わない
2、何の感慨もない、どっちでもいい＝3人
3、立つべきと思う＝2人

教師たちも苦しんだ。ほとんどの教師が強制されて立ちたくない、でも処分は受けたくない。その当然の思いの間で苦しんだのだ。その中で卒業学年担任で「処分されても立たない」という教師が二人いた。卒業式の前日夕方、そのうちのT教諭が校長室にやって来て、「校長に迷惑をかけたくないけれど、悩んだ末、やっぱり立ちません」と言った。

私は、

「職務命令は出したけれど、先生の考えを変えろなどと言うことはできない。自分の思うようにしてください」と言うしかなかった。

処分を避けさせるためになら、クラスに待機していて式だけは副担任が代理で出るといった手段だってあったかもしれない。しかし誠実に教育に取り組んできた彼にはそのような策を弄するようなことはできなかった。真面目な教師ほど苦しんだのだ。

三月六日、全日制の式当日は、教育委員会から学務部義務教育心身障害教育課長と教育相談センター指導主事が来た。立たないと言っていたもう一人の学年主任は、逆に、開式の辞で全員起立してから式典中ずっと立ったままだった。

T教諭はやはり立たなかったが、式後事実確認をする前に、指導主事は、

「立たなかったことを確認していますと伝えてください」

と言って帰って行った。立ちっぱなしの学年主任については何も言わなかった。したがって、T教諭については教委に報告せざるを得なかった。

全日制の式の一週間後が定時制の卒業式だった。今まで通り先生方が各役割を自主的に決めて取り組んでくれた。ただ、「国歌斉唱」と発声しなければならない司会を引き受ける教師がいなかった。反対の先頭に立っていた教職員組合の分会長（学校内の長）であるG教諭が、

「毒を食らわば皿までです。私がやります」

と言ってくれ、平常に式は行われた。全・定とも、みんなが私の置かれている立場を理解してくれ（と自分で勝手に思っているのだが）、一緒に苦しんでくれたのだろう。教職最後の職場が久留米高校であったことに感謝せざるを得ない。

その後三月二五日、私とT教諭が事情聴取で都庁に呼び出された。T教諭は弁護士を伴って来たが、都教委は弁護士の同席を認めなかったので事情聴取を拒否し、私だけが事実確認をさせられた。

三一日、私は池袋の芸術劇場での退職辞令公布式で退職辞令を受け取った。その足で水道橋の総合技術教育センターでT教諭の戒告処分を受け取った。それが私の最後の仕事となった。みじめだった。三八年間の最後の最後に、自分のそれまで貫いてきた教育観を投げ捨て、教職員を裏切ったという贖罪を背負わされたと感じさせられた。退職してもそれを晴らす生き方をしなければならないと覚悟した。

(5) 最後の卒業式で問いかけたこと

こういう親・教職員の苦悩を受けて、私は最後の卒業式式辞で次のような話をした。それは私にできる精一杯の抵抗でもあった。また、贖罪を背負った私自身のこれからの覚悟でもあった。（私は始業式等全ての式での話は原稿をもって話したことはないが、後で必ず「校長室より『久留米』」で書いて出した）

私も皆さんと同時に、この三月で三八年間の教職生活を卒業します。それだけに今日の卒業式は、戦中生まれの私自身が受けてきた戦後の学校生活、そしてその後の、教える立場になった三八年間を振り返ってみると万感の思いがあります。この思いの中からただ一点、「問い続けること」ということを呼びかけたいと思います。

第一に、何を問い続けてほしいのかというと、「それは人間であることとどんな関係があるのか?」ということです。(中略)

第二に、より人間らしくなるために学ぶ「本当の学力」とはどういう力のことなのかという点です。皆さんのこれまでの勉強は、どちらかといえば、問われたことにどう「答えるか」ということだったのではないでしょうか。しかし、どう正確に早く答えるかではなく、「問う」ことこそ人間らしい生き方の根源の一つではないかということです。(中略)

人間は動物のような生きる自動操縦装置を持っては生まれてきませんから、外からの「刺激=問い」と、その「反応=答え」の間を自分で選ばなくてはなりません。しかも、その問いと答えの筋道は一本道ではない。そう考えると、私は最近、真の学力というのは「答える力」ではなく、「問う力」のことではないのかと思うようになりました。(中略)江戸時代の学者三浦梅園という人は、「疑うものは悟ること迅《と》し(はやい)」と言っていますが、まず疑問を持ち、問い、自分の頭で考えることこそが大事だということです。

第三に、私たちが生きている今日の社会は、「激しく変化する社会」とか「行き先不透明な社会」だとか言われていますが、その様相の裏側にある問題は、もう何十年も前に社会学者マックス・ウェーバーが言っているように、「意味不明の社会」ということです。「何のために自分はこれをしているのか、するのか」「自分のしていることに一体どんな意味があるのか」といったことを問わない、或いは問うことができなくなっているのではないでしょうか。（中略）

自らの問いを失って、単に現実に追随して流されること、ましてや外からの強制に黙って従って生きていくことは、苦痛であるだけではなく確実に人間らしさを失っていくことになります。みなさんはこれから日々新しい問題に出会っていくことになると思います。どうかそれらを「それは人間であることと、人間らしく生きることとどんな関係があるのか？」と問い続けていってほしいと願っています。

最後に、山村暮鳥の「道」という詩を紹介します。

道は自分の前にはない
これは自分のあしあとだ
これが世界の道だ
これが人間の道だ
この道を蜻蛉《とんぼ》もとほると言へ

私はこれで学校を去りますが、第二の人生とか、人生に余生などはないのだと思っています。

ましてや皆さんの進む道ははるかに続いています。どうか、「これが人間の道だ」と言える道を、胸を張って堂々と生きていきましょう。

(6)「職務命令」の意図は何だったのか

二〇〇三年一〇月二三日の通達から三月の卒業式までの間、その対応に振り回されて、自分の問いを深めることができなかった。その反省からも右記のような式辞をした。入学式・卒業式等における「国旗掲揚・国歌斉唱職務命令」とは何だったのかということを、卒業式が終わってから改めて考えさせられた。

それは都教委が職務命令発出の理由としてあげる、国旗掲揚・国歌斉唱が適正に行われていないからその指導を徹底させるというような、従来の指導の延長線上にあるその強化という程度のものではなかった。東京の教育の質的転換を図るものだった。

職務命令を発出する直前の七月に都教委が設置した「都立学校卒業式・入学式対策本部」が出した文書では、その目的をこう言っている。

「都立学校における『国旗・国歌の適正な実施』は学校経営上の弱点や矛盾、校長の経営姿勢、教職員の意識レベル等がすべて集約される学校経営上の最大の課題であり、この課題の解決なくして学校経営の正常化は図れない」

そして職務命令発出後の我々校長への指導では、指導部長は、「今求められている教育改革の核心は教育課程の完全実施（国旗・国歌の完全実施）である」と言い、指導課長は、「国旗・国歌問題は、戦後都立高校最大のターニングポイントである」と檄をとばした。

私は処分をめぐる人事委員会審理でこの指導課長の言葉を取り上げ、「なぜ国旗・国歌問題が最大の課題なのかもう一つ理解できなかったが、このターニングポイントと言われ、戦後民主教育の転換点にするという意味でよく分かった」と証言した。それに対し指導課長は陳述書で、「校長の権限と責任で適正に実施することにより、その後、子どもたちのためになる新しい教育施策を校長の権限と責任で数多く実現することができるようになるという意味で、ひとつの転換点という話をしたことがあります」と釈明した。

かえってここに職務命令の意図が明確にされている。即ち、今までは生徒への指導や学校運営については教職員と協議しながら進めてきたが、この国旗・国歌問題を機に、異論は排除して全て教育委員会の指導通り校長の命令に従わせて、校長の言う通りにやれるようにする、その転換点だと言っているわけである。

そもそも「職務命令」とは、処分を前提に強制することであり、「強制」とは「威力を用いて、他の自由意志を圧えつけて無理に行うこと」（『広辞苑』）である。それは異論を認めず排除していくことに他ならない。

この指導課長の言葉通り、その後二〇〇六年には、「学習指導要領に基づき適正に児童・生徒を指導することを教職員に徹底することを通達する」という教育長通達を出し、生徒への君が代斉唱時の起立・斉唱の指導を義務づけ、教職員だけでなく生徒の内心にまで踏み込み、生徒が起立・斉唱しない場合は、指導しなかったとして校長・教師を処分対象とするまでになった。

事務室を「学校経営企画室」に改称、二五〇都立校を三所六支所に分け、「学校経営センター」を設置、行政が直接「学校経営」「教育活動」「人事」にわたり管理・監督する体制になった。

また、「学校経営の適正化について」の教育長通知で、「校長の意思決定を拘束する」一切の運営を禁止、職員会議での全教職員による「協議」「挙手・採決」を禁止した。

さらに、職階として「統括校長」「主任教諭」を新たに設け、教職員組織を「統括校長ー校長ー副校長ー主幹ー主任教諭ー教諭ー専任実習助手ー実習助手」とまさに位階層的に階層化し、上意下達の「経営」にしたのである。

こうした都教委の真の意図は、校長の職務命令は「思想・良心の自由」には違反しないとした最高裁判決での反対意見が明確に指摘している。不起立処分を理由に再雇用を拒否された都立高元教職員が都に損害賠償を求めた控訴審で二〇一一年六月六日、最高裁は上告棄却の判決を出した。五人の裁判官の内、宮川光治裁判官が反対意見を述べた。

「一九九九年の国旗・国歌法の施行後、都立高校において、一部の教職員に不起立不斉唱があっても式典は支障なく進行していた。こうした事態を、起立斉唱を義務づけた都教委の二〇〇三年の通達は一変させた。卒業式に都職員を派遣し、監視していることや処分状況を見ると、通達は式典の円滑な進行を図る価値中立的な意図ではなく、前記歴史観をもつ教職員を念頭に置き、その歴史観に対する強い否定的価値を背景に、不利益処分をもってその歴史観に反する行為を強制することにある」と明確に述べている。

2　もの言えぬ校長・校長の権限と責任とは

(1)　そこまでやるのか──服務監察

第Ⅰ章で述べてきた新宿高校問題以来の東京の「教育改革」の根底にあるのは、徹底した教職員への不信、というより蔑視ともいえるものであり、校長への不信である。そこから教育委員会と学校の関係は指導・助言・援助から、命令と強制の行政による直接管理へとなっていく。

その一つの現れが「服務監察」である。これは、教職員が出退勤時間を守っているか、禁止されている車通勤をしていないかを、全日制・定時制の出退勤時間に合わせて、法務監察課と人事部管理主事が二人ひと組になって突然学校に来て調べるものである。校長の教職員の服務管理を全く信用していないのである。

私は五年間で全日制・定時制とも二回ずつこれを受けた。

例えば全日制では、朝、始業八時三〇分前に学校内に来て駐車している車のナンバーを控え、八時三〇分に突然校長室に現れ、事務長に出勤簿を持ってこさせ、押印を確認する。押印のないものについてはその場で出勤しているかどうかを確認させられ、ナンバーを控えた車は誰のものか確認させられる。前述のように、定時制の退勤監察では夜一一時に来たこともあった。さらに驚くべきことに、本当にいるかどうか職員室等に来て本人の「面通し」までするという警察の捜査さながらのことまで行うのである。

そしてその結果の処理が大変である。出勤簿に押印のなかった者、在校が確認できなかった者については、その詳細な服務事故報告書を提出、不適切な者は賃金カットされる。車通勤者については、校長が許可している者についてはその許可理由書を、理由のない者は数年さかのぼって通勤手当を戻入させられる。

私は全・定共賃金カットや通勤手当の戻入者は出さずに済んだが、とりわけ車通勤でひっかかった者が毎回いて、その理由付けには苦労させられた。車通勤を身体・健康上の理由や子どもの保育園への送り迎え時間の関係等で認めている教職員についても取り消すよう指導された。その後、多くの学校で、学校近くの駐車場を借りて通勤する教職員が出てきた。それをも事務長に指示して調べさせるという徹底したものであった。

私は今まで、私たちの服務の在り方については多くの弱点をもっていると思っていた。だから服務の在り方を「働く者の誇り」という点からとらえ直そうと訴えてきた。そこから教職員集団としての「内部規律」をつくる必要を言ってきた。確かにそれが弱かった。しかし、この都教委による服務監察というものは教育活動を活性化させる服務の在り方とはほど遠い、教職員をただ萎縮させるものでしかない、全国的にも異常なやり方であった。

(2) 諦めて従うしかない……

学区の校長会である校長が言った。

「私は管理するとは、諦めさせることだと思っている。学校は行政の下請け機関。言われたことは諦めて従うしかない。教職員には諦めてもらうしかない。私は教職員には常々そのことを徹底している」

またある校長は「校長はコンビニの店長に過ぎない」と言った。店には客のニーズに応じて何でもある。しかし、品物の並び方まで本部の指示で、売り上げの結果だけが問われる。何の裁量もできないと。

このように、今や校長は教育委員会の指示・命令通りに教職員に「校長権限」で徹底し、「リーダーシップ」を発揮して従わせ、その「責任」だけはとらされるのである。

卒業式における職務命令問題では、前述してきたようにあれだけ細部にわたって指示してきたのに、最終段階になると、やはり私たち校長が最後にははしごを外されるのではないかと危惧していた通りに、指導課長は、「実施指針は、校長が自らの責任において実施する。教育委員会はそのための指導・援助を行うのである」と自分たちの責任逃れを用意しておくのである。

教育委員会は「教職員に職務命令を出せなどという職務命令は出してない。それは校長の責任において行うのである」というのである。もはや校長たちも教育委員会を信用していない。まさに諦めだけである。私はそれを、教育委員会も学校現場も含めた教育の退廃化であると言ってきた。

(3) 教育委員会から受けた呆れかえる処分

私が校長として教育委員会から最初に受けた処分(措置)は実に呆れかえるものだった。東京の教育委員会とはどういうものかを思い知らされた。

前述した統廃合の対象となると同時に人事考課制度が導入されたときのことだった。学区の校長が午前中、立川市の研修センターに集められ業績評価の評価者訓練があった。午後には都庁で統廃合での新学校の基本計画検討委員会があり、校長、教頭、事務長が招集されていた。私は一日学校を空けることになり、午後は教頭・事務長もいなくなるので、基本計画検討委員会は欠席する旨伝えてあった。

その日、評価者訓練が一二時過ぎに終わったので、学校に電話して昼食をとってから戻るので一時過ぎになることを連絡した。学校に戻ったのは一時半頃だった。ところが、その日、一時に前述した定時制教師の出退勤監査が入った。しかし、校長、教頭、事務長の誰もおらず観察ができないので帰ったということだった。

後日、人事部の管理主事室に呼び出された。そしてなぜ管理職が両方共いなかったのかを詰問された。私は基本計画検討委員会の通知を示し、校長、教頭、事務長が一緒に呼び出されていること、また校長連絡会でも「校長が出張等で不在の時は教頭が代理出席するように」との通知を出しているではないかと言ったが、「それはこちらの内部事情です」と訳の分からないことを言い、大勢いる中で主任管理主事から、「管理職の役割をどう考えているのか、何か事故があったらどう責任をとるのか！」と怒鳴られた。そして私の赴任以来の出勤簿のコピーと、教頭共に学校に不在の日の報告を求められ、始末書を提出させられ、厳重注意を受けたのである。

私は、この主任管理主事を個人的に責める気持ちはない。彼もその矛盾は十分承知の上で「立場上」そう指導せざるを得なかったのだろう。しかしこのような理不尽なやり方の教育委員会を校長の誰が信頼するだろうか。

私は管理職とは「責任をとる人」のことと思っている。だから教職員の失敗については全面的に自分が責任をとることを公言してきた。入試時の応募者数報告で学区内の応募者数を学区の内数と外数に分けることについてのミスを最終段階で私が見つけた。受験者には何の影響もない数字であったが、都教委に報告すると、直ちに事務長、教頭と共に教育委員会に呼ばれ、夜中まで厳しく詰問された。私は、私が最終的に点検押印して出しているのだから責任は私にあると言い張ったが、事務的作業は事務長、教頭のミスだとして二人が徹底的に怒られた。ただただ事務長、教頭に申し訳なかった。

※「来賓を辞退してくれ」

退職した翌年、二〇〇五年に久留米高校は創立四〇周年を迎えた。その「記念誌」に私も前校長として原稿を依頼された。赴任時の出来事を簡単に書いた。ところが当時の校長から「事前に教育委員会より原稿を提出させられ、先生の原稿について書き直させてくれと言われた」という電話があった。

赴任時の改革問題で、「第二次計画の対象校とされ」を「対象校となり」に、その申し渡しを「予測していたこととはいえ、まさに突然呼び出され」という事実の記述さえ削除させられる等、わずかＡ４判半段の原稿を五箇所にわたって書き直しさせられた。

私は全く納得いかないものであったが、校長の意のように書き直してくださいと言った。というのはこれも、教育委員会が校長に指示して、それを「校長の責任」においてやらせるものであり、私が拒否すれば校長に迷惑をかけることになるからである。決して校長の自主的な判断などではないのである。

また、この改革で総合学科高校への移行に向けて久留米高校の閉校式が二〇〇七年三月に行われた。この総合学科高校への統廃合を教職員、ＰＴＡ、同窓会、地域ぐるみの反対運動の中で、全く自分自身の意に反して結果として為したのは悪者としての私である。当然閉校式には前校長として来賓招待された。

私は責任として出席の返事を出し、式後の懇親会の会費も振り込んだ。ところが一月になり、校長より「来賓を辞退してくれ」という電話がきた。校長は、「指導部は式典について各校に聞き取りを行い、参列者名簿を提出させられたが、しばらくして電話があり、先生（渡部）は来賓としてふさわしくないので辞退させるようにと言われた」と苦しそうに説明した。理由は、「都議会で質問があり、中村教育長が『来賓については都議会の方針にそぐわないものは呼ばないように指導していく』と答弁している」「渡部は元管理職の教育基本法改正反対の連名アピールに名を出している」「朝日新聞で、職員会議の挙手・採決禁止の都教委方針を批判している」（次章162頁）等だった。

私は現職中、今まで述べてきた通り自分なりの教育観を持っていたが、都教委に盾突いたこともなければ、日の丸・君が代問題でも都教委の指示通りに「忠実に」やってきた。それが退職して完全に都教委から離れ、自由な自分の意見を言うことができるようになった。そういう者に対してまで、都教委に対して異論を持つ者は呼んではならぬというのである。

これもまた、校長の意とは別に、「校長の権限と責任において」校長にやらせるのである。校長は後日「お詫び」状を送ってきて苦しい胸の内を語ってくれたが、このように校長は教育委員会に対して何ものを言えない立場に追い込まれている。校長に「権限」など何もない、「責任」だけとらされるのである。

同時に、命令と強制の教育行政はこのように異論を認めず徹底的に排除する。東京の「教育改革」を振り返って私が最も痛感させられることは、東京の「教育改革」をめぐる問題は、教育における民主主義、学校における民主主義をめぐる問題であるということである。

石原知事の言う「教育の破壊的改革」とは、教育そのものと同時に民主主義も破壊していったのである。

3　退職するに当たって

二〇〇四年三月、定年退職を前に最後の「校務連絡」の「学校歳時記」に、百田宗治の「どこかで春が」の詩について書いた。

どこかで『春』が／生まれてる／どこかで水が／ながれ出す。どこかで雲雀《ひばり》が／啼《な》いている／どこかで芽の出る／音がする。／山の三月／東風《こち》吹いて／どこかで『春』が／うまれてる。

この詩は、大正八年一〇月から一二年九月まで発行された童謡童話雑誌『小学男生』の大正一二（一九二三）年三月号に発表されました。後、与田準一が選抄した『日本童謡集』に収められています。百田宗治（一八九三〜一九五五）は大阪出身で本名は宗次。大正時代の民衆派詩人の一人として活躍しましたが、『日本童謡集』にもこの詩の他「鳥籠」など三篇の詩が収められています。この詩は一九二三年宗治三十歳の時の創作ですが、この時代というのはどういう時代だったのでしょうか。

一九一四年、第一次世界大戦が勃発すると、日本は絶好のチャンスと見てドイツに宣戦布告し、ドイツが占領していた中国・山東半島を奪取、大戦中の一九一八年にはシベリアに出兵を強行しますが、国内では、死者一五万人とも言われるスペイン風邪の流行、米価暴騰、米騒動、八幡製鉄所大争議、株価暴落等々、国民の生活は困窮を極めました。

しかしそうした中でも一方では、いわゆる大正デモクラシーの風とともに続々と労働組合が生まれ、税金による選挙権の撤廃等を求める普通選挙運動や婦人参政権運動がおこり、一九二〇年には初めてのメーデーも行われます。また、鈴木三重吉の『赤い鳥』、武者小路実篤らの「新しき村」建設など、暗い中に夢と希望を求める声も湧き上がりました。こういった叫びと声を、百田宗治は「春を告げる声」と聞いてこの詩を書いたと言われています。

ものごとが複雑になればなるほどそのものごとの本質も明らかになってきます。困難なときはまた新しい道が拓けるときでもあります。私たちはあくまでも「教育の道理」に立ち戻って教育に春を、生徒の未来に春を告げる取り組みをしていきたいものです。

そして先生方には三八年間の思いを込めて、三つのことを述べて学校を去った。

◈教育は人間讃歌

今や「学校は企業、校長は経営者、教師は雇用者、生徒は顧客」といった行政論に振り回されている。そのなかで、教育に教育論を取り戻すというごく当たり前のことが大きな課題になっている。そして、学校に、家庭に、地域に「人間への信頼」を取り戻し、その信頼に基づいた「豊かな人間的つながり」をつくり出す、人間として生きることのすばらしさを語れる「人間讃歌のある学校」に。

◈マイナスをプラスに転化する

私たちが生徒や教育政策のマイナス面をただマイナスとしてしか捉えられなかったら、私たちも生徒もダメになっていくしかない。そのマイナスをプラスに転化していく取り組みをつくり出すことこそが教育の仕事だと思う。これだけひどい「改革」の押しつけの中で、学校がそれほどひどくなっていないのは、やはり先生方が本質的に真面目で、頑張っているからだ。私はそこを信頼してきた。実践を担う教師への信頼なくしてどんな「改革」もない。どうか「専門職としての自信」をもってほしい。

◈学校に行政の言葉ではなく、教育の言葉をあふれさせる

私の三八年間の教職生活の結論は、「議論なくして活力なし、納得なくして意欲なし、信頼なくして指導なし、尊敬なくして管理なし」ということである。今まさにそこが奪われて、私たちの中に愚痴と諦めと疲弊が広がっている。それでどうして生徒たちの未来を語れるだろうか。先生方にはどうか自由な大きな教育論議をして欲しい。そこからみんなの納得をつくり出し、「協働する学

校づくり」をしてほしい。そのためには、学校に行政の言葉ではなく、教育の言葉をあふれさせよう。

第Ⅳ章　東京に「教育」を取り戻すために

1　疲弊しきった学校現場

※「もう都立高校のことは忘れたい」

退職して二年目から、三つの大学で一二年ぶりに教壇に立った。都教委の拘束から解き放されて、自由に自分の考えを言えることはどんなに素晴らしいことかを改めて感じさせられた。教師の元気は若者から、生徒からもらうのだということを思い出させられ、やはり自分は管理職などには向いていなかったのだと思い知らされた。

私と同時に退職した行政経験の校長は再雇用も拒否し、教職員への退職挨拶で、「二度と都教委の世話にはなりたくない」と言って拍手を浴びた。

定年前に退職したM校長は、「君が代」処分をめぐる人事委員会審理で証言に立ち、最後に「もう都立高校のことは忘れたい。現場を離れて解放されたと感じる」と言い、「先生方の発言に励まされ、学校支援センター（後述）にもいろいろと発言してきたが、逆に疎まれる存在となっていた」と慎重に言葉を選びながら、ここ数年はひたすら「いつまでに提出せよ」の書類に追われ続け、管理職になってこういう学校を作りたいという思いは難しくなり、退職の道を選ばざるを得なかった苦渋を語った。

私は「日の丸・君が代」処分取消請求訴訟で、何人もの退職した校長に、東京地裁での陳述書を書いてもらえないかと依頼したが、皆「もう都立高校時代のことには触れたくない」と断られた。これが東京の「教育改革」の渦中にあった私たち校長の本音なのである。

しかしそういう私たちの思いに追い打ちをかけるように都立高校の学校現場ではますます困難さを深めていった。

二〇〇六年四月には「教育基本法改正案」が閣議決定され、六月、戦後レジーム（戦後体制）からの脱却を掲げた安倍晋三内閣が発足、一〇月、教育再生会議発足（注9）と急速に教育基本法改定が大問題になっていったが、東京の教育は教育基本法「改正」に向け、その先取りとしての「改革」をますます一方的に進めていくことになる。

〔注9〕教育再生会議＝中央教育審議会とは別に内閣直属の機関として設置。野依良治独立行政法人理化学研究所理事長（ノーベル化学賞受賞）を座長に17人の有識者委員からなる教育改革検討組織。二〇〇七年一月二四日第一次報告、六月一日第二次報告。九月阿倍内閣総辞職し、福田康夫首相に引き継がれ、一二月二五日に第三次報告、翌〇八年一月三一日に最終報告が出された。そこでは、子どもたちの学力と規範意識の低下という問題意識から「社会総がかりで教育再生を」をう

たい、ゆとり教育の見直し、徳育の教科化、いじめ対策、教員免許更新制、教員評価、メリハリのある教員給与、副校長・主幹教諭等の導入、教育委員会の抜本的改革、評価に基づく競争的予算配分等々を提言した。

(1) 生徒の内心にまで踏み込んだ「君が代斉唱」

二〇〇六年三月一三日、教育長通達「入学式・卒業式等における国旗掲揚及び国歌斉唱の指導について」が出された。ここでは——

「校長は自らの権限と責任において、学習指導要領に基づき適正に児童・生徒を指導することを、教職員に徹底するよう通達する」

と、教職員に生徒への起立・斉唱の指導を義務づけ、教職員だけでなく、生徒の内心にまで踏み込んだ。「指導を義務づけた」ということは、生徒が起立斉唱しない場合は、校長が教職員を指導していない、教職員が生徒を指導していないとして、その指導責任を問う段階に、また一歩突き進んだということである。

その後、式で立たない生徒がいると、教頭がとんできて「立ちなさい、立ちなさい」と叱責することまで起こっている。私が教えている大学で都立T高校出身の学生がこう書いてきた。

《卒業式での国歌斉唱についてクラスで話し合ったのですが、起立斉唱については二年のときは一人ひとり自分で判断して行動しようということになった。ところが卒業学年になったときには、私たちが立たないと先生が処分されるということになった。私たちは絶対納得できなかったが、先生に迷惑はかけられないと、みんなで立つことにしました。先生方だけでなく、私たち生徒もそんなに苦しめるやりかたは絶対におかしいと思う。》

(2)「奉仕」の必修化と行政による学校の直接管理

さらには翌二〇〇七年度四月より、この愛国心教育の強化の内実を作る奉仕活動について、全国に先駆けて東京都設定教科・科目「奉仕」を必修化した。これは「将来、社会に貢献できる資質を育成する」として、三年間で一単位（35単位時間）を義務づけた。そして教科書まで作り、「奉仕事前学習」「奉仕体験学習」「奉仕事後学習」のうち、少なくとも半分は「体験学習」を義務づけ、各学校はその体験学習先探しで苦慮している。

それは、二〇〇一年に「東京都教育委員会の基本方針」から「人権尊重教育の推進」「日本国憲法及び教育基本法の精神に基づき、また児童の権利に関する条約等の趣旨を尊重して」の部分を削除し、「社会貢献の精神の育成」に変えたことに見られるように、自らが社会の形成主体として地域を豊かにし、人々と共に生きる自分の生き方を自主的・自発的に選んでいく力を付けるものでなく、まさに「義務としての奉仕」である。

またこの一年前、二〇〇六年四月より、「学校経営支援センター」なるものが発足した。

これは、事務室を「学校経営企画室」に改称、事務職員の定数を削減し、都立校二五〇校を三所・六支所に分けて、支所内の学校を「学校経営」「教育活動」「人事管理」にわたり行政が直接「支援」の名の下に監視・管理・監督するものである。それにより、学校の窓ガラス一つ割れても学校が直ぐに出入りの業者に直させることもできなくなり、支援センターに届け出て、支援センターが入札して直させるという事態にまで、学校の主体性はことごとく奪われることになった。支所の経営支援チームが月一回程度学校を訪問、職員会議への参加や授業観察まで強要するようになった。

これはまさに阿倍首相の言った「国の監査官制度」であり、教育再生会議が外部評価・監査システムの導入として提案した「教育水準保証機関」の先取りに他ならない。

(3) 業績評価改定で教師を格差付け

〇六年四月より、「人事考課制度」が「人材育成」と「処遇への的確な反映」を核として改定された。

それまで、校長・教頭共にDをつけた者は三カ月昇給延伸だった。それをさせないように、評価者から教頭を外し、校長だけに一本化した。また、五段階評価で中位Bに評価が集中しがちだったものを、A～Dの四段階にして中位をなくし、よりはっきりと階層化するようにした。さらには、校長が推薦したAの二〇％のうち一〇％を支援センターが決めて、六カ月または一二カ月の昇給短縮、Dは三カ月昇給延伸にと、定期昇給そのものに反映させるようにした。

制度の要項では絶対評価となっているものを、その後、C・Dを二〇％付けるようにという強い指導がされるようになった。提出する学校経営支援センターは二〇％付けてないものは受け取らないというまでになった。教師を格差付けすることそのものを目的にしている。

この年、長野県では「新しい教員評価制度について」が試行されていたが、そこでは、「教員の資質・能力の向上に資することを通して、学校の教育力の向上を図り、児童・生徒の成長発達に寄与する教員評価とする」とし、「校長と教員及び教員間の共通理解と意思疎通が不可欠」「教員の表彰制度、給与・処遇への反映は前提としていない」としている。

また、この年の愛知県犬山市の「犬山の教育の重要施策２００６『学びの学校づくり』」では、「文部科学省は、『教員の評価に関する調査研究』を各県へ委嘱し、それを受けて県教委は『教職員評価制度』を導入しようとしている。評価にあたっては、『だれが、何を、何のために』評価するのか、まずその仕組みと条件が整備されていなくてはならない。教員評価は、教師自身が子どもの姿を通して指導の結果を振り返り、授業づくりに生かすために行われるものであり、学校の裁量と教師の裁量が仕組みとして整えられていることが大前提である」「犬山市では……教師の資質・能力の向上を目指し、教師自身の自己評価や『同僚性』に基づく相互評価などにより、日々の授業改善の積み重ねを図ってきた。この犬山市の取り組みが、教師の指導力向上に最も有効な手法である」

としている。これらと何という違いだろうか。ここでも、「ダメ教師には辞めていただく」（阿部首相）、「メリハリ給与体系で差を付ける、不適格教員は教壇に立たせない」（教育再生会議）の先取りである。

(4) 挙手・採決を許さない職員会議へ

二〇〇六年四月一三日、教育長通知「学校経営の適正化について」が出される。

今まで使われていた「学校運営」を「学校経営」に変え、職員会議での全教職員の協議そのものも否定し、「会議での挙手・採決」等、「職員の意向を確認するような運営」を一切禁止した。

これが出されるとすぐに『朝日新聞』から、校長経験者として「職員会議とはそもそも何なのかを踏まえて『私の視点ーウイークエンド』欄に意見を書いてほしい」と依頼された。私はある事情から躊躇して二度断ったが、三度目に折れて要旨次のようなことを書いた。

《教育の営みは、直接に生徒の人格形成をはかる一対一の関係を超えた集団的・系統的営みである。その指導の結果は直線的には、また直ぐには出ないという結果の不可測な面をもった、他の労働とは異なった特質を持っている。それ故に、教職員一人ひとりの実践をもとにした自由な論議を深め、互いに学び合い、より質の高い合意形成を図っていくことが欠かせない。したがって第一に、教職員全体の協力・共同に基づく「協働づくり」の場が職員会議である。

　第二に、職員会議はその全員での協議から学び合う最大の「研修の場」である。それを組織し、リードしていくのが校長の指導性である。採決・挙手の禁止は、教職員全体での「協議」そのものを否定している。それはものを言うな、考えるな、黙って従えというに等しいもので、教職員の活力を奪い、異論を徹底的に排除するというものであり、命令と強制の教育への転換である。かつて、当時の文部省はこう言っていた。

「学校の経営において、校長や二、三の職員のひとりぎめで事をはこばないこと、すべての職員がこれに参加して、自由に十分に意見を述べ協議した上で事をきめること」（「新教育指針」／1946年）

「真の指導性は、外的な権威によって生ずるものではなく、人々の尊敬と信頼に基づいて、おのずから現れることが、その本質をなすものである」（「小学校経営の手引」／1949年）》

◆2006年4月29日付『朝日新聞』オピニオン欄に寄稿。

私の視点 ウイークエンド

渡部《わたべ》 謙一《けんいち》 元東京都立高校校長

◆職員会議 教育の活力奪う挙手禁止

東京都教育委員会は4月13日、都立校の職員会議で「挙手や採決を禁止」する通知を出しました。それを聞いて、私はまた何よりも一つ、現場の校長たちの深いため息を感じさせられました。

今、教育現場は様々な問題を抱えています。さらに「改革」の名のもとに次々と行政から下ろされてくる指導・指示で「疲弊しきっている」のが実態です。日々の教育実践に携わる一人一人の教師の教育活動を励まし、高め、それを学校全体の協働にしていくことこそ求められています。その役割の中心を担ってきたのが職員会議です。

私が校長として考え続けてきたことは一点、先生方をどう励ますことができるかということです。

学校も企業であるという論がありますが、教育という仕事は直接に生徒の「人格形成を図る」仕事であり、1対1の関係を超えて本質的に「集団的・系統的営み」であろうえ、結果が直ちに直線的に出てくるものではないという「結果の不可測」な面をもつなど、他の労働とは異なる特質をもっています。

それゆえに、教職員一人一人の、目の前の生徒をどうとらえ、どう働き掛けたらどうなったかという実践を核に、自由な論議を深め、互いに学び合い、より質の高い合意形成を図っていくことが欠かせません。その場が職員会議です。ですから、私は教育に多数決はなじまないと考えてきました。

この教育論議をリードし組織化していくのが校長の指導性ではないでしょうか。職員会議は、校長を中心とした教育活動の協働を作り出す場であり、その論議を通して互いに学び合い教育力を高め合う最大の研修の場です。

ところが今回の都教委の通知は、私もなじまないと考える「職員会議での採決決定」をまた一つ飛び越して、「所属職員等の意見を聞くことが必要な場合において」までも「挙手・採決」などの方法を禁止しました。

意向が反映されないで誰が意見を言うでしょうか、意見を言えないでものを考えるでしょうか。これは、ものを言うな、ものを考えるな、黙って従えというに等しいことです。そこまでなぜやるのか？

特定の教育観をおしつけるために、異論を排除するものとしか考えられません。

今から2年前の退職にあたり、私が38年間の教職生活を振り返ってつくづく実感させられたことは、「議論なくして活力なし。納得なくして意欲なし。信頼なくして指導なし。尊敬なくして管理なし」ということです。今回の通知は、それを圧殺する学校教育破壊の行き着いた所そのものです。

かつて、当時の文部省はこう言っていました。

「学校の経営において、校長や二三の職員のひとりぎめで事《こと》をはこばないこと、すべての職員がこれに参加して、自由に十分に意見を述べ協議した上で事をきめること、そして全職員がこの共同の決定にしたがい、各々《おのおの》の受け持つべき責任を進んではたすこと」（1946年「新教育指針」）

「真の指導性は、外的な権威によって生ずるものではなく、人々の尊敬と信頼に基づいて、おのずから現《あら》われることが、その本質をなすものである」（49年「小学校経営の手引」）

このことを改めて噛《か》み締めさせられます。

また、私は個人的に全く面識はなかったが、当時、三鷹高校の現職であった土肥《どひ》信雄校長がこれを読んで、「全く同感です」と私に電話してきた。その後、土肥校長は「学校から言論の自由が無くなる」と都教委に通知の撤回を求め、応じなければ公開討論をと要求してきた。しかし都教委は全く応じず、土肥校長は二〇〇九年三月の定年退職で非常勤勤務も拒否された。そこで同年六月に、それまでの都教委による数々の校長に対する人権侵害や非常勤勤務拒否等の損害賠償を求めて提訴した。

私はこの裁判でも陳述書を頼まれ、都教委の準備書面に対する反論を書いた。

私がここで最大の問題としたのは、都教委は一九九八年の「管理運営規則」改定で、職員会議を「任意設置の補助機関」とし、その職員会議の機能を次の三点に「限定」したことである。即ち、職員会議は、

①校長が校長の方針を周知する
②校長が所属職員の意見を聞く
③校長が所属職員相互の連絡を図る

という場であり、ここには全教職員の「協議」は排除されているのである。この点については第Ⅱ章１「職員会議の『補助機関化』」で前述したので繰り返さないが、『朝日新聞』に書いたように、

全教職員の協議をさせないなどとは「教育活動破壊の行き着いた所そのもの」である。文部科学省は職員会議を「補助機関」としているが、協議を否定するようなことまでは想定していない。むしろ協議の重要性を指摘しているのである。

例えば、文部科学省の『いじめ問題への取組についてのチェックポイント』（06年10月19日）では、その指導体制として——

①いじめ問題の重大性を全教職員が認識し、校長を中心に一致協力体制を確立して実践に当たっているか。

②いじめの様態や特質、原因・背景、具体的な指導上の留意点などについて職員会議などの場で取り上げ、教職員の共通理解を図っているか。

③いじめの問題について、特定の教員が抱え込んだり、事実を隠したりすることなく、学校全体で対応する体制が確立しているか。

の三点をあげている。この「一致協力体制を確立して」「学校全体で対応する」ことは、「全教職員による協議」なしには果たせない。校長が「意見を聞き」、校長が決定してそれを「周知させせ」、「連絡」を図ればできることではない。それは学校の教育活動を校長の個人的力量内に閉じ込めることに他ならない。私はそのことを最も注意してきたし、今日の都立校の教育活動でその点を心配している。

(5) 教員身分を八階層に

二〇〇六年七月、突然「教員の職の在り方検討委員会報告書」が出された。

都教委は全国に先駆けて、教頭を「副校長」とし、「主幹」を導入していたが、この報告で新たに校長を「職責」と「能力」により「統括校長」と「一般校長」に分化、教諭を「特に高度の知識又は経験を必要とする」「主任教諭」と「一般教諭」に分化し、教職組織を「統括校長―校長―副校長―主幹―主任教諭―教諭―専修実習助手―実習助手」と八階層にまで重層化した。

さらには、授業力リーダー及び授業力スペシャリスト（研修の一形体の「東京教師道場」修了者）の新たな職層としての位置づけ、教職大学院への派遣生のその後の活用に応じた処遇を検討するとしている。

教育再生会議はその最終報告で、「副校長」「主幹（管理職補佐）」「指導教諭（指導・助言・研修）」の新設を提言し、教育基本法改定を受けた「学校教育法」改定で新設されてしまったが、都教委はここでもその先取りをしたのである。

この新たな階層化によって、「教諭」のままでは四六歳で給与は打ち止めになり、上を目指さざるを得ないようになっている。横山教育長が校長連絡会での就任挨拶で「出世しようと思わないような職員は信じられません」（前述）と言って、さすがに校長会が抗議したことがあったが、これもまた教育の道理を破壊する学校の行政機関化の一つであり、権限を下から吸い上げ、上から垂直に下ろす上意下達の体制を強化したものである。

この主任教論の導入によって学校現場では、入学式後の保護者への担任紹介や始業式での紹介で、主任教諭と一般教諭を分けて紹介したり、職員下足箱の配置や出勤簿、また学校要覧の職員一覧の順を急遽変えるというようなことが起こっている。一人の生徒に同じ指導をする教師を主幹教諭・主任教諭・教諭に分けて呼称することが生徒・保護者に与える悪影響は大きい。

その後、この主任教諭導入によるさらなる職階制を基に、〇八年一〇月、「校長・副校長等育成指針」「東京都教員人材育成基本方針」「ＯＪＴガイドライン」を学校におろしてきた。

ＯＪＴ（On the job Training）とは、「日常的な職務を通して、必要な知識や技能、意欲、態度などを、意識的、計画的、継続的に高めていく取組」と説明されている。つまり、学校外へ出て行く研修ではなくて、校内での日常的な研修体制である。そこでは、教諭をさらに「基礎形成期教諭」と「伸長期教諭」に分け、校長ー副校長ー主幹教諭ー主任教諭ー伸長期教諭ー基礎形成期教諭それぞれの階層での（教育委員会によって）「求められる能力や役割」が示され、各階層の下の者は一つ上を補佐し、上に行く資質を身につけ、上の者は下の者を指導育成し、それを計画・実施・検証・改善のサイクルで日常的に管理・指導することとしている。

これもまた、同じ生徒への教育実践に取り組んでいる教師を指導と被指導の関係に分断し、教師の専門職としての尊厳や、教育活動の創意・工夫とその自主的意欲を損なう、まさに位階層的な（かつてあった国家への功績による勲等でもあるかのような）極限的管理主義の徹底となっている。

ここで出された「校長・副校長等育成指針」では「育成上の課題」として、「校長は、校内で自らの能力育成について指導・助言を受けることが難しいため、自己啓発に積極的な者とそうでない者で、校長在職のうちに能力に大きな差が生じる場合がある」ことをあげている。

学校の経営化のもとに、職員会議での協議も否定し、教育活動を校長権限に一本化、また教師の日々の研修を階層による指導・被指導の関係に閉じこめておいて校長もまた自らの「能力育成」を図ることはできない。全教職員による協議の否定は教育活動をもっぱら校長や上層指導者の個人的教育力量内に閉じこめることでもある。集団の中で、実践に基づいて、互いに学び合い、高め合う中で教師もまた校長も育っていくのではないのか。

2　元校長・教頭による教育基本法「改正」反対の取り組み

(1) 呼び掛け人を募る

私たち元校長・教頭は、以上のような東京の教育の実態を黙って見ているわけにはいかなかった。私たちは学校現場を離れてしまったが、あくまでも、東京の教育現場で責任を負ってきた者として、教育基本法「改正」を先取りした東京の急激な「教育改革」の中で、何よりも管理職をはじめ学校現場が疲弊しきっている状況を心配してきた。そこに「教育基本法『改正』」問題が迫ってきていた。

そこで、教育基本法「改正」でこれ以上学校教育を困難な状況に追い込んではならない、教育基本法「改正」を先取りした東京の教育を全国に広めてはならないという思いから、各種研究会等で知り合った小・中・高・養護学校の元校長ら八人が発起人となり、教基法「改正」反対の「連名アピール運動」を起こそうということになった。

先ず、元都立大学総長茂木俊彦先生を呼び掛け人代表にお願いし、「連名アピール」の呼び掛け人を募集、すぐに三四名の方が応じてくれた。そして、呼び掛け人会議を持ち、教育基本法をめぐる教育状況について、堀尾輝久先生（元日本教育学会会長・東京大学名誉教授）の記念講演を受け、参加者で意見交換をし、事務局を結成した（06年9月7日）。その後、事務局会議と呼び掛け人会議で、東京都公立学校の校長・教頭経験者の連名アピール「教育基本法の『改正』に反対します」のアピール文を作り、元校長・教頭三九八名に、アピール文と連名者になっていただくことのお願い文を発送した。

アピールの骨子は、「改正案を先取りした東京の教育のもとで、多くの管理職や先生が苦しんでいること」「教育基本法が改正されることで、学校と教育の破壊が懸念されること」「それゆえ、拙速な決定をやめて、国民の丁寧な合意づくりのなかで進めていくべき」ことを訴えた。この呼びかけに対し、わずか一〇日間で、第一次分として六三名が連名に応じてくれた。

(2) アピール発表と国会への要請行動

九月二八日には都庁記者クラブに呼びかけて都庁内で記者会見し、アピールを発表。その趣旨と東京の教育状況について私が説明した。そして、東京の全公立学校二、二三六名の現職校長にアピール文を郵送した。

これに対する都教委の反応は敏感、熾烈であった。高校の校長連絡会では、「教育委員会に世話になっておきながらなんたることか。まさか校長の中にカンパに応じるなどという者はいないだろうな」と激昂。前述したように連名文に名を連ねた者は式典等の来賓にも呼んではならない等の締め付けをしてきた。それだけ我々の運動は影響を与えたとも言える。

二〇〇六年一一月九日、衆議院での強行採決が緊迫するなか、衆議院議員会館内で「校長・教頭経験者の教育基本法『改正』に反対する集い」をもった。これには約五〇名が参加。集会後には、教基法特別委員会の各会派議員に要請行動を行った。

しかし、一一月五日、衆議院本会議で与党だけで強行採決されてしまった。私たちは直ちに参議院での議論に向け、二五日には「一から議論をやり直すときです——教育基本法改正法案の拙速な採決に反対します」という第二次連名アピールを作り、連名者を募った。これにもすぐに七九名が応じてくれた。

一二月七日には、二回目の院内集会をもち、アピールを発表、参議院特別委員会議員への要請を行なった。しかしまたもや、一二月一五日、参議院本会議で与党自民・公明両党は強行採決、国民世論を裏切る歴史的暴挙で教育基本法は改悪されてしまった。

(3) 取り組みを振り返って

私たちはこのささやかな運動を通して、教基法改悪の先取りとしての東京の教育を全国に広めてはならないという思いをますます強めた。そして次のように私たちの運動を振り返った。

一、この連名者を募る取り組みは、第一に、一次・二次ともにわずか一〇日間足らずの短期間の取り組みであった。第二に、その対象者も、東京の公立学校の嘱託も終わり完全に都から離れた元管理職を対象に、呼びかけ人のつてをたどっての三九八名という狭い範囲を対象としたものであった。第三に、教職員組合や他の運動体また政党等と一切関わりをもたない、東京都の元教育管理職としての、この種の運動には全く素人だけの独自の取り組みだった。

二、それにもかかわらず、最終的に名を連ねてくれた人は七九名、名前は出せないが賛同する、またカンパを寄せてくれた人を含め一七〇名（呼びかけた人の43％）にのぼり、カンパは、五三万七二六五円も寄せられた。

三、この私たちの取り組みは、短期間だったにもかかわらず、他県の元管理職の取り組みとともに、全国の改正反対運動にとって大きな励ましとなった。市民運動の集会にも歓迎され挨拶を頼まれたり、とりわけ、東京の現職の教職員を励ますものとなった。また全現職校長へアピール文を送ったが、現職校長からカンパや賛同、励ましの言葉をいただいた。

四、それ故に、都教委はこの運動に神経をとがらせ、現職の校長・副校長にさまざまな圧力をかけた。それだけ影響力があったということだろう。「教育基本法問題に触れるな」とか、校長会（連絡会）で、「アピールに名を連ねた者は元校長であろうとも式典等の来賓として呼んではならない」とし、「まさかこの中にカンパをした校長はいないでしょうね」と圧力をかけたり、最も教基法の遵守・擁護義務を負うべき教委がその擁護への影響力を恐れている。

五、残念ながら、教育基本法は改定されてしまったが、何よりも、「教育の道理に立ち返るべき」という私たちの声は、学校現場の管理職をはじめ教職員を励まし、多くの市民運動の励ましになったと実感している。

六、私たちはこのことに確信をもち、今回の取り組みを、改定されたことで無にすることなく、先ず、東京の教育の動向の現実をよく知り、考え合い、拙速に進められている改定教基法の具体化について学び合い、学校現場の管理職・教職員、生徒、保護者を励ませる何らかの取り組みを続けていきたいと考える。

3　「東京の教育を考える校長・教頭（副校長）経験者の会」を立ち上げる

(1) 新たな運動に向けて

この運動を通じて接してきた現職校長の声は、ある小学校長が語ってくれた次の言葉に集約されている。

「今の教育改革は、現場の校長をはじめ、教師を締め付ければ当面の教育問題は解決すると考えているのが根本的な間違いではないでしょうか。責任を全て現場に押しつけ、条件整備を一切しない。現場の苦悩を全く分かろうとも汲み取ろうともしない。私たち現場の校長が言いたいのは、先生と生徒が向き合う時間、余裕を取り戻すことです。管理職が教師を監視することと、書類づくりに追われるのではなく、教職員と一緒に教育論議ができ、一緒に教育活動ができること。そのための学校づくりの権限と裁量を校長に与えることです」

私たちはこのような現場の声を汲み上げ、教育基本法改定によってさらにこれからの学校はどうなっていくのか、その事実をつかみ、共に学び合い、考え合い、現場の先生方を少しでも励ましていける教育の在り方を探っていく新たな会を作ることとした。それが「東京の教育を考える校長・教頭（副校長）経験者の会」である。

活動内容としては、①研究・学習会、②提言、③現職校長と弁護士とのホットライン（相談機能をつくる）、④他県の管理職の学校づくり、元管理職の取り組み等との連携、⑤会報の発行等々である。

(2) ひとまわり大きな会に

二〇〇七年八月九日、「連名アピール」に賛同してくれた人を中心に約二〇〇名に送り、一三〇名を超える会員・賛助会員を得た。それをもって、一〇月一四日、設立総会に至った。

教基法改正反対の会は「東京の公立学校の元校長・教頭の会」として活動したが、新しい会はその枠を超えて、私立・国立、他県を含め、学校だけでなく教育行政、また現職をも含めた「教育管理職」の「経験者の会」とし、さらに、管理職だけでなく、この会の運動に賛同していただける教育関係者、研究団体、父母等に賛助会員となっていただいて交流を深めるなど、ひとまわり大きな会として発足することになった。会の代表には引き続き茂木俊彦元都立大学総長になっていただき、副代表には私学から丸木政臣元和光学園校長にお願いし、各校種からの代表者が当たった。

設立総会では準備会に引き続き、再び一橋大学の中田康彦先生に「私たちの学校づくりと教育管理職の役割」と題した基調講演をいただき、私たちのこれからの運動の在り方について示唆をいただいた。そして、申し合わせを確認し合い、「私たちの呼びかけ」を総会アピールとして採択した。（全文は巻末資料参照。ここでは項目だけ紹介。）

今こそ、学校・地域から、よりよい教育を求める大きな教育論議を！

■第一に、東京の教育改革、また教育基本法改定後の諸改革の教育観・人間観に対し、「それは子どもたちが人間的に成長・発達することとどんな関係があるのか」と問い続けたいと思います。

■第二に、私たちの学校づくりは、何よりも「目の前の生徒・教師・親の事実から出発したい」と思います。

■第三に、「教育は実践でしか語れない」、そして教職員集団の協力・共同による「協働こそ教育活動の命」であるということ、その「協働性をつくっていくことこそ教育管理職の役割」であるということです。

■第四に、「教育に強制はなじまない」ということです。
■第五に、私たちが「尊重」するだけでなく「擁護」すべき義務を負わされている（憲法九十九条）のは、「憲法」であり、「憲法に基づく教育基本法の理念」であり、「子どもの権利条約に集約される国際的な子どもの人権と発達観」です。私たちは、個人の尊厳と人権を何よりも大事にし、平和と民主主義を目指す、子ども・生徒の成長・発達する権利を保障し、充足させる義務と責任を負っています。私たちはこの会の活動を通して、この義務と責任を果たしていきたいと思っています。

(3) 通信『ひとなす』の発行

率直に言って、私たちの一三〇名を超える会員は、現職の校長もいるが、定年退職後五年間の再雇用も終えた年配者が多い。一三人の役員・事務局員の中で人事考課制度や入学式・卒業式の「日の丸・君が代問題」に直面したのは私を含めて二人だけである。そこでどうしても「東京の教育はどうなってしまっているのか」という私たち自身の学習活動と、それを会報『ひとなす』で広めることが主であった。

この会報『ひとなす』は、最初はＢ５判であったが、今はＡ４判に変え、袋綴じ四～一六頁で年

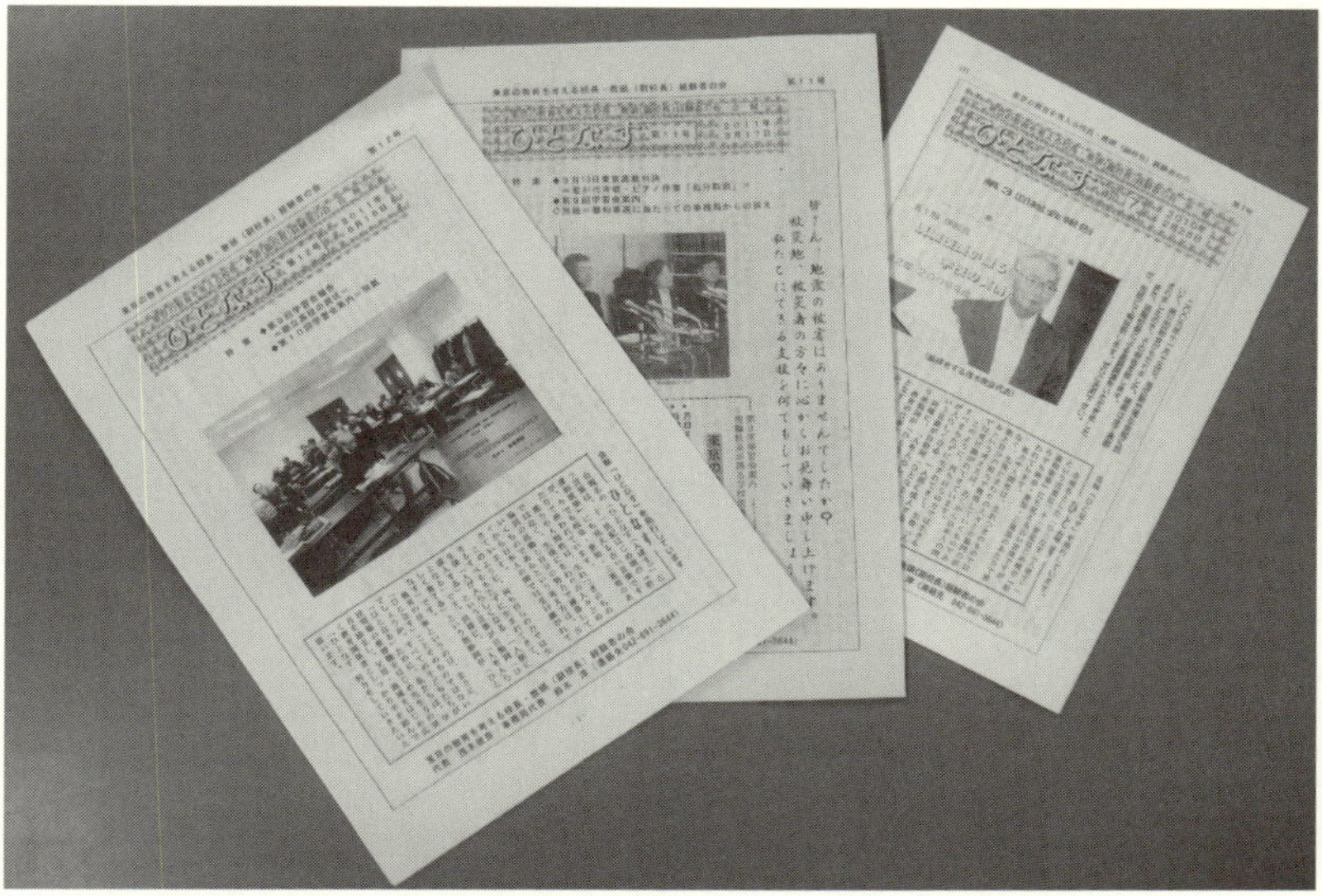

「東京の教育を考える校長・教頭（副校長）経験者の会」の会報『ひとなす』。
会報名「ひとなす」については毎号表紙下の囲みに紹介してある。

三回程度発行している。会報名「ひとなす」については毎号会報の表紙に次のように掲げている。

《「ひとなす（人成す）」という言葉は、十一世紀初め頃の『拾遺和歌集』にも見える古い言葉ですが、今でも岐阜・愛知・三重県あたりで使われています。能力や人間性は、生まれつきのものではなく、生後にまわりの人々との協同の活動と自らの努力で獲得していくものであるという考え方は、古くから日本人の間では受け継がれてきています。

このように、何も自分の力では生きるすべをもたずに生まれてきて、生後「人が人らしくなる・一人前に成人する」という言葉が自動詞「ひとなる」です。同様に、「人を人らしく育てる」という他動詞が「ひとなす」です。

教育の仕事というのは、まさに、「ひとなす」ことそのものではないでしょうか。すべての子どもたちが「ひとなる」ために、私たちは、学校現場の管理職をはじめ先生方の努力を励まし、父母・地域をはじめ広く教育関係者としっかり手を結んで、「ひとなす」努力をしていきたいと思います。》

この会報で、学習会講演の報告、会員や学校現場の声、教育の動き・施策への私たちの見解等を載せて、会員、研究諸団体等へ郵送してきた。それをどう広めるかが課題であり、目下、東京の全校長への郵送と、インターネット利用の具体化を図っているところである。

4 「東京の教育」の再生を目指して

(1) いま東京の教育はどうなっているか

この原稿を書いている最中の二〇一一年二月二二日、久留米高校で一緒だったM教師から電話がかかってきた。

「先生、今日の朝日新聞の石原発言を読みましたか？　私は頭にきて『この発言を聞いて中学生が都立高校に希望を持てますか?』という表題を付けて、コピーを校長の所に持って行きました。こんなこと言われて校長会は何とかしないんですかと言ったが、校長も頭にきていたようだが、ウーンと言うだけでした」

どういう意図からか、『朝日新聞』東京版では「石原知事発言から」なるものを定期的に大きく載せている。その日は「都立高校改革」についての発言だった。彼はこう言っている。

「私は就任したときに、中曽根さん（中曽根康弘元首相）から『これだけのことをやれ』と言われたんだけど、ただ一つできなかったのは教育の破壊的な改革。（中略）いろんな手かせ足かせがありましてね。都立高校は決して良くなっていません」「中レベルの学校に行ってみると、荒廃したままですな。授業中にも先生の話を聞いている学生は一握りしかいません」

この『朝日』の記事ではそこまでは書いてないが、中曽根首相から「これだけのことをやれ」と言われたのは四カ条あり、「大統領政治」「財政再建」「破壊的な教育改革」「グレートコミュニケーター」（注・コミュニケーション能力に秀でていた米国レーガン大統領にマスコミがつけた称）のうち、やり遂げられなかったのが「破壊的な教育改革」だというのである。

まさに、石原都政の下での教育改革は「教育の破壊」であり、そのことで「都立高校は決して良くなっていない」という事実を吐露しているのである。この「破壊的改革」によって今東京の教育はどういう事態になっているのか。ある現職校長が赴任時に出した「校長通信」（09年4月）の冒頭で、こう書いている。

「今の疲弊と閉塞感漂う都立高校の先生方を元気にしたい。それが校長としての基本的スタンスです」と。

この、意欲を奪われ続け、諦めにも似た「疲弊と閉塞感」に陥っていることこそ、今まで述べてきた「改革」の末の実態である。私の現職時代も校長連絡会で次々と新たな施策が出されるたびに、私たちはため息をついて苦笑する。その後の懇親会で出るのは教委に対する愚痴だけである。ある教頭に教頭会の様子を聞いてみたら、「みんな顔を見合わせて苦笑いし、その次には下を向いてしまう」と全く同じことを言っていた。それが率直な私たち教育管理職の実態なのである。

私がこの間実感させられ続けてきたのは、教育が教育でなくなる、教師たちから教育への希望を失わせる、親の子どもにかけた願いが踏みにじられるということであり、それが決して大げさではないというのが東京の「教育改革」なのである。

そこで私たちの会では第一に、「今、東京の教育はどうなっているか」をとらえ合おうということで、弁護士（「日の丸・君が代裁判を通して」東京あさひ法律事務所白井剣弁護士）、教育委員会の教育アドバイザー（「初任者研修の実態」）、精神科医（「教育における成果主義とメンタルヘルス」メンタルクリニックみさと所長天笠崇先生）、中学校現職教師、私学から（大東学園校長）、研究者（「東京の教育をどうとらえる、どうきりひらくか」東京大学勝野正章先生、一橋大学中田康彦先生、首都東京大学荒井文昭先生）と、様々な立場からの人を招いて学習会をもってきた。また小・中・高・特別支援学校の校長からの「学校現場の実態と学校づくり」というシリーズの学習会を組んできた。そこで出された問題点をまとめて、二〇一一年度の総会議案「東京の教育はどうなっているか」で、私は次のような実態報告をした。

①東京の教育はいかに異常か—東京都の教師にはなりたくない

○八年四月一七日『朝日新聞』夕刊は、「都教委はここ数年東北を舞台に『教員の卵』の争奪戦を繰り広げてきたが、今度は九州に狙いを定めた」「選考試験の合格率をみると九七年度の14・5倍から○八年度は4・1倍と急落した。三倍を切ると質を維持できないと言われ、志願者を増やすことは重要課題だ」（09年1月14日付では、09年度の60都道府県・政令指定都市の小学校採用試験倍率は、東京は53番目の2・9倍と伝えている。）

また同新聞の「声」欄では次のような声を載せている。

◐——**教員採用低調、都教委も原因**—小学校の教員採用試験の低倍率に困った東京都が30年ぶりに追加の試験を行う。……連日の居残り雑務処理、管理職による統制強化の傾向など、現場の個々の教員が自主的、創造的な教育活動を自由闊達に行える環境にない現状である。……都の教育行政は正常と言えるのか。都教委が推進した職員会議で挙手・採決禁止、日の丸・君が代強制に伴う教員の処分、少人数学級実現に反対など、学校現場への締め付けは到底民主的とは言えない。この在り方を改めない限り、都の教育に希望はない。（東京無職80歳／09年10月28日）

◑――教員なぜ不足、都教委は考えよ―都の小学校教員採用で都教委は２０１０年度に実施する試験から、他県と協定を結び地元で不合格になっても東京で合格できる、という取り組みを行うという。……そもそも教員仲間では、都教委の教師に対する締め付けは目に余るものがあり、都では働きたくないと言われている。（埼玉県教師56歳／09年12月4日）

◐――バスツアーでは教員増えない―東京都教委が教員試験受験者の激減を受け、バスツアーまでして地方の学生を勧誘しているという記事（9日社会面）を読み、あきれました。……都は教員評価制度を導入し、主幹という役職を設けました。教員を階層的な組織に変えるものです。日の丸・君が代強制に伴う教員の処分、職員会議での挙手・採決の禁止により、教員が意思表明する権利も奪いました。教員人気が低迷している原因はこうしたことが考えられます。……都教委はバスツアーの前に不人気の原因を考えるべきです。（静岡県教師52歳／10年1月16日）

②自己否定へと追いつめられる青年教師――希望に燃えて教員になっても精神疾患に

新任一年目の条件付採用で「正式採用にならなかった」人数は全国的にも増え続けているが、二〇〇一年度の五五人に対して〇八年度は三一五人にもなる。その大半の三〇四人が「依願退職」だ

条件付採用期間を経て正式採用にならなかった人数

文部科学省「公立学校教職員の人事行政の状況調査について」
平成22年10月27日

年度	2004	2005	2006	2007	2008	2009
全採用者数	19,565	20,862	21,702	21,734	23,920	24,825
不採用	7	2	4	1	4	2
依願退職	172	198	281	293	304	302
うち不採用決定者	(15)	(16)	(14)	(12)	(10)	(27)
うち病気による者	(61)	(65)	(84)	(103)	(93)	(86)
死亡退職	5	6	5	5	2	9
分限免職	3	0	1	0	0	0
懲戒免職	4	3	4	2	5	3
欠格条項失職	0	0	0	0	0	1
合 計	191	209	295	301	315	317

が、九三人が病気理由で、しかもその内八八人（95％）が精神疾患である。

その中でも東京は突出しており、七八人不採用（全国の25％、二番目の大阪32人の倍以上）中七六人（97％）が「依願退職」。内二四人（32％）が「病気理由」であり、その全員が「精神疾患」である。（文部科学省『公立学校教職員の人事行政の状況調査について』／09年11月4日）

校長として最も心配するのは、この若い教師たちが挫折してしまわないかということである。新任教師に「教師を志望した動機は？」と聞くと、「『二十四の瞳』の大石先生です」と答えた。そういうニコニコした夢にあふれていた先生が、一年も経たずに途中から保健室出勤になり、出勤できなくなり、病気休職に追い込まれる。

今まで見てきたように、何よりも、教師を分断する学校組織の階層化、業績評価制度、年間三百時間もの初任者研修等の中での命令と強制の教育活動で、教師が互いに教え合い、支え合う関係が崩されている。真面目な若い教師ほど絶えず自分がチェックされているという脅迫感にさいなまれ、不安と緊張感の中で自分を追いつめていく。

私とよく酒を飲む現職校長はいつも若い教師を連れてくる。そこで、「今日の教育論議はどんな研修よりためになっただろう、研修報告に今日の話を報告書に書いて二時間の研修に充てておけ」と言う。また、「私なんか教頭になるまで『指導要領』と『指導要録』の区別なんか知らなかったよ、細かいことなど気にしなくていいんだよ」などといいかげん風なことを言って若い教師を安心させ、元気づけるのが得意である。しかし多くの管理職は「評価」する者であって「支える者・励ます者」になっていない。支え合う教職員集団をつくるリーダーになっていない。

③蓄積する緊張・不安・疲労感―東京の休職者、全校種で全国平均を大きく上回る

会報『ひとなす』にある会員が「声」を寄せてくれた。

《三楽病院（都教職員互助会）でのことだ。待合室にいたら近くにいた男（40歳くらい）がクスリを落として探し出した。こちらからはよく見えるので、見つからなかったら教えてやろうと見てい

たら、その男が『ガンをつけるのかよ』と怒鳴ってきた。こちらも思わず『やくざみたいな言い方はやめろよ！』と大声を出した。このやりとりを見ていた女の先生が、私を遠くに連れて行き、今学校ではあのようなおかしな人が多いという。そういえば精神科の待合室が超満員だったのを思い出した。学校現場は疲弊しきっている。矢継ぎ早の管理強化で、教師はヘトヘトになっているという……》

また、ＭＳＮ産経ニュース（09年11月16日）によると、

「都教委によると、二〇〇八年度の教職員の休職者は七八八人。うち精神系疾患で休職した人は68・5％にあたる五四〇人に上った。〇三年度は60％の二五九人で、人数も割合も急増している。休職者率も全国平均の0・55％（07年度）を上回る0・94％（08年度）」「休職者の在籍年数では、小中学校で採用三年目までの、特に小学校教員の休職率が高く、在籍二一年目以降のベテラン教員の休職率も極めて高い」「精神系疾患で休職した教職員の70％は病欠するまで医師の診断を受けていなかった」

私は最近、同僚であった後輩の先生の突然の入院を聞いて見舞いに行った。彼は六月から体の異常を感じていたが、三年生の担任で、生徒には一番大事なときなので、夏休みまでは頑張ろうと病院には行けなかった。七月に入り、とうとう我慢できずに病院に行くと、即日入院・手術。ガンが転移していたという。

公立学校教員の病気休職者数推移

文部科学省「平成 21 年度 教職員に係わる懲戒処分等の状況について」

年度	在職者数	病気休職者数	うち精神性疾患による休職者数	精神性疾患の占める比率（%）
1990		3,701	1,017	27.5
1991		3,795	1,129	29.7
1992		3,730	1,111	29.8
1993		3,364	1,113	33.1
1994		3,596	1,188	33.0
1995	971,027	3,644	1,240	34.0
1996	964,365	3,791	1,385	36.5
1997	958,061	4,171	1,609	38.6
1998	948,350	4,367	1,715	39.3
1999	939,369	4,470	1,924	43.0
2000	930,220	4,922	2,262	46.0
2001	927,035	5,200	2,503	48.1
2002	925,938	5,303	2,687	50.7
2003	925,007	6,017	3,194	53.1
2004	921,600	6,308	3,559	56.4
2005	919,154	7,017	4,178	59.5
2006	917,011	7,655	4,675	61.1
2007	916,441	8,069	4,995	61.9
2008	915,945	8,578	5,400	63.0
2009	916,929	8,627	5,458	63.3

（注）「在職者数」は当該年度の「学校基本調査報告書」における公立の小学校、中学校、高等学校、中等教育学校及び特別支援学校の校長、副校長、教頭、主幹教諭、指導教諭、教諭、助教諭、養護教諭、養護助教諭、栄養教諭、講師、実験助手及び寄宿舎指導員（本務者）の合計。

教員のメンタルヘルス対策について

東京都教育庁福利厚生部

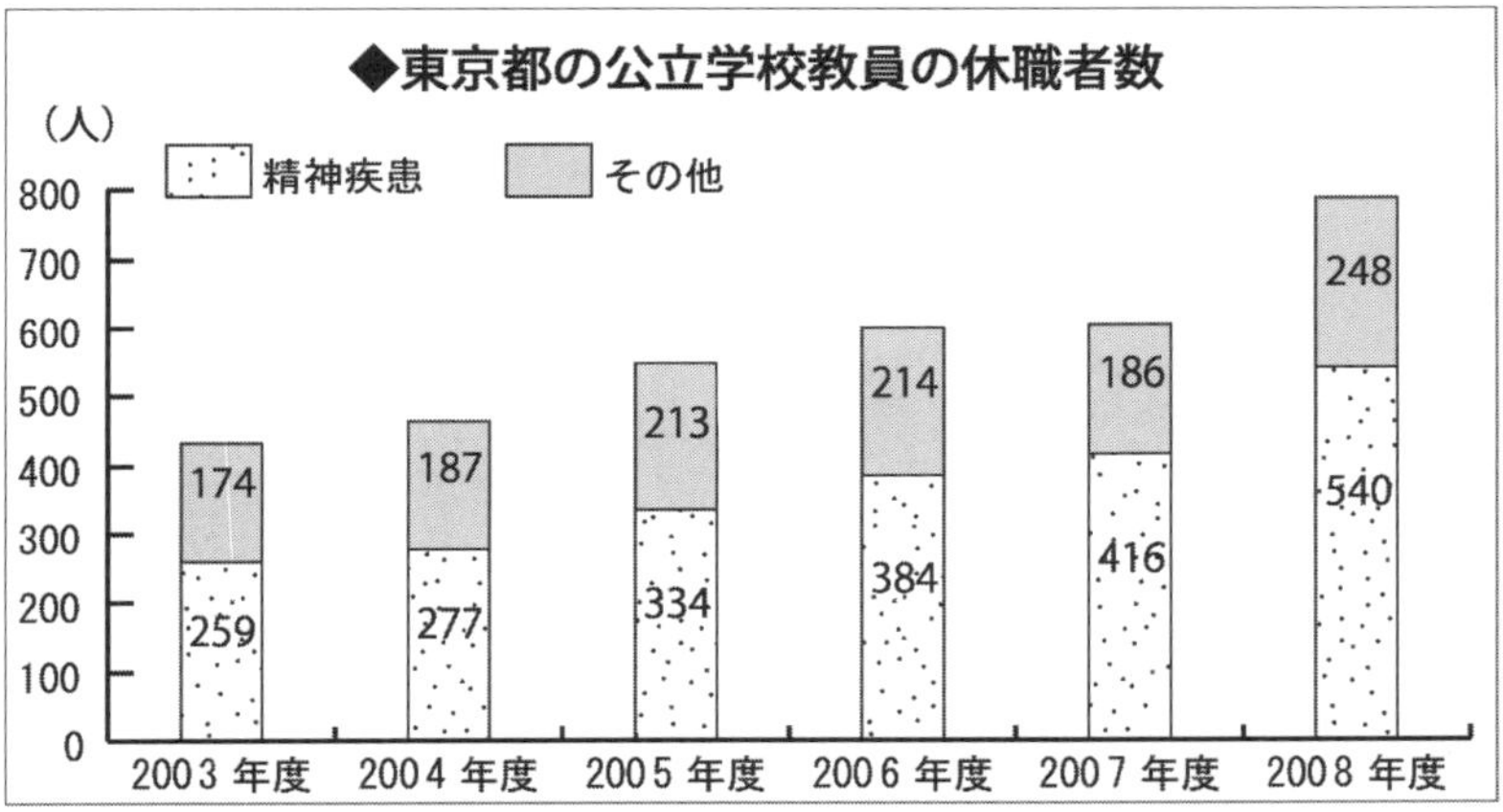

1. 東京都公立学校教員の全休職者に占める精神疾患の割合は7割であり、2002 年度から連続して増加している。
2. 精神疾患のうち、うつ病（双極性障害、抑うつ状態等を含む）が大半を占める。

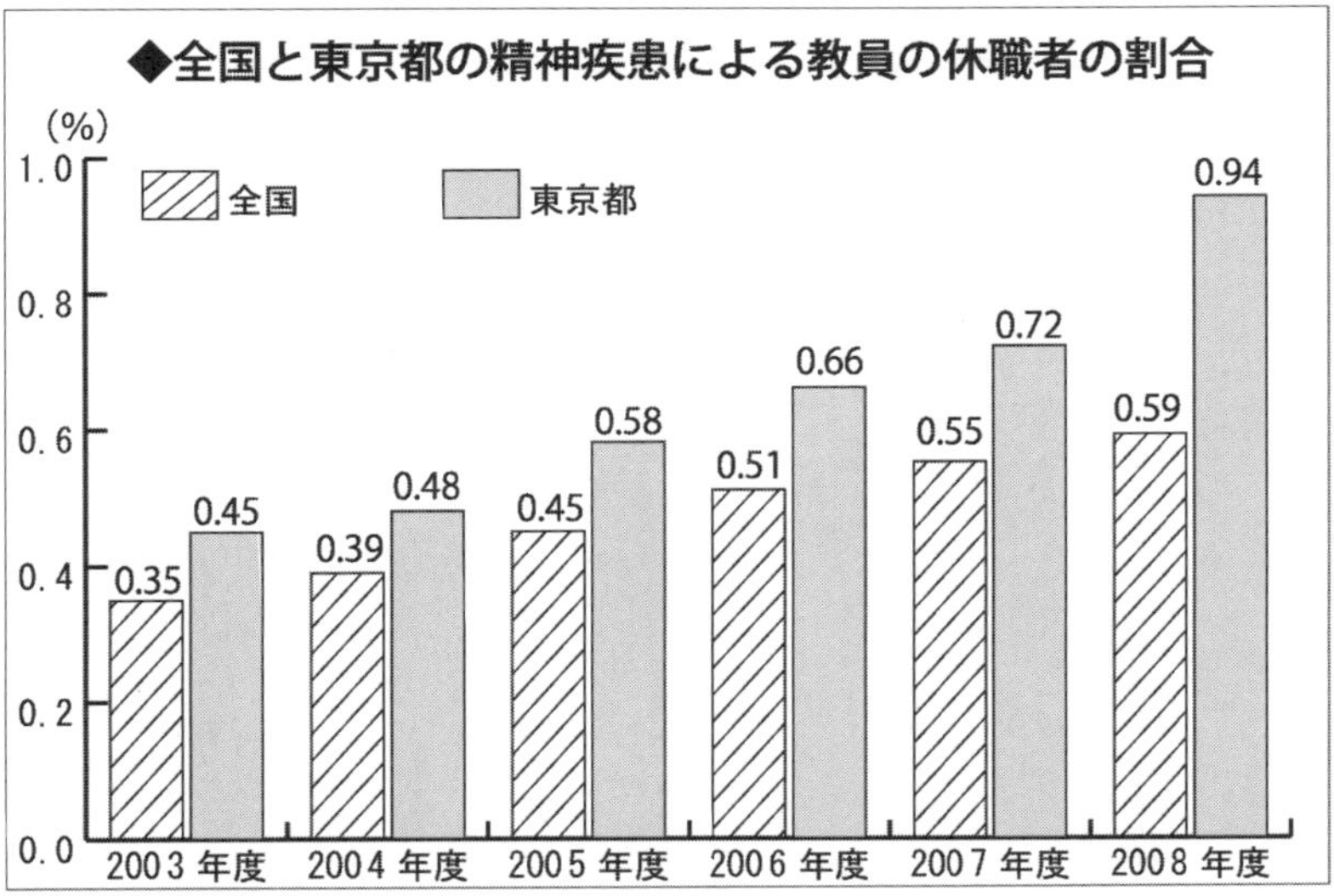

1. 東京都の精神疾患による教員の休職者の割合は、全国平均より高い。
2. 全国の精神疾患による休職者数及びその割合は、1992 年度から連続して増加している。

異常を感じても病院に行くこともできないほど追いまくられている。同時にこのように、学校現場はその多忙の中であっても教師の生徒への熱意に支えられているというのが今日の実態なのである。それを無にするような改革であってはならないのだ。

④定年までもたない、もう都教委に関わりたくない——進行する抑圧と支配

二〇一〇年七月二〇日付『朝日新聞』は同社の独自調査（全都道府県・指定都市の教育委員会への質問調査）による公立学校の途中退職者数を発表している。それによると、〇九年度は一万二七三二人（退職率は1・51％）。この五年間、毎年一万二千人を超えている。ここでも東京は五指に入り、2・12％である。この調査では在職中の死亡数も質問、〇五年六一二人、〇六年五九四人、〇七年六四二人、〇八年六〇二人、〇九年六五〇人となっている。

これについて同記事は、「文部科学省が〇六〜〇八年に外部委託した調査では、公立小中学校の教員で『仕事に意義・やりがいを感じる』と答えた人が九割を占める一方、『勤務時間外でする仕事が多い』という回答も九割を数え、いずれも一般企業の二倍に及んだ。『気持ちが沈んで憂うつ』という教員は27・5％で一般企業の約三倍に上り、精神面の負担が大きいことがうかがえる」と伝えている。

会の学習会で現職小学校長も、「ベテランの先生も定年までもたないということで、早期退職者

が増えています。本校でも定年前に辞めて再雇用で勤めた先生も二年で、『六〇歳になったので全て足を洗います』と言って辞めてしまいました。定年で辞めた先生も『もう一切関わりたくない』と言って再雇用も断りました。せっかく教職で一生懸命やってきた人たちの中にも、誇りとか夢とか意欲とかが失わされているという状況です」という実態を報告している。

⑤管理職にはなりたくない

都教委が出した『校長・副校長育成指針』（08年3月）で、都教委自身が、「校長・副校長の現状」として、管理職試験の「受験率が近年大幅に低下していることから、校長・副校長の人材不足が進んでいる」「現職の校長や副校長、特に副校長の中で、精神疾患による病気休職者が近年増加している」の二点を指摘している。しかし、こういう実態をもたらしている自らの「改革」を一切振り返らず、さらなる管理主義を徹底して乗り越えようとしている。

小・中学校では校長不足で、再任用校長が増えている。主幹にいたっては発足以来なり手がなく、一一年度からは、自分から受験を申し出るのとは別に、学校経営支援センターと校長との意見交換の中で推薦者を出し、本人の同意で面接も無しで合格させるという制度にせざるを得ない状況である。

希望降任制度により降任した者

文部科学省「公立学校教職員の人事行政の状況調査について」
平成22年10月27日

年度	2004	2005	2006	2007	2008	2009
校長からの希望降任	5	8	8	5	4	9
副校長等からの希望降任	71	60	62	69	84	90
主幹教諭からの希望降任	—	—	12	27	89	121
その他	5	2	1	3	2	3
合 計	81	70	83	104	179	223

【注1】「副校長等」とは、副校長及び教頭を示す。
【注2】「主幹教諭からの希望降任」には、主幹教諭相当の職からの希望降任を含む（2007年度まで）。
【注3】「その他」は、部主事等からの希望降任を示す。

2009年度に希望降任制度により降任となった223名について、その主な理由を調査したところ、一番多いのは、健康上の問題107名（48％）であり、続いて職務上の問題59名（26％）、家庭の事情55名（25％）の順となっている。

⑥せっかく管理職になっても降格したい

文科省「公立学校教職員の人事行政の状況調査について」（09年11月4日）によれば、二〇〇八年度の校長・副校長・主幹からの希望降格者は全国で〇四年度の八一人から一七九人に増加しているが、その内の33％（59人）が東京都で、これも全国で突出している（神奈川県37、横浜市12、大阪府11）。

前記都教委が認めているように、管理職の精神疾患による病気休職者が増加している。都教委は、校長の「権限と責任において」を絶えず強調する。しかし入学式・卒業式等における日の丸・君が代問題に典型化されるように、今や校長には何の独自の権限などない。責任だけが問われる。校長になって初めてそれを実感する人が多い。それによって追い込まれていく。

(2) 教育庁内部で抱える矛盾

こういった東京の「教育改革」の実態に希望を見いだすことはできないのだろうか。私はこれに対して、真正面から抵抗し、反旗を翻すべきだなどと言うつもりはない。私自身どう批判されようとそうはできなかったし、現職の校長はこの教育委員会の命令と強制の中で学校づくりをしていくしかない。その中で苦悩している。だとするならば、学校現場に下ろされてくるこれらの個々の施策を自分はどうとらえ直して、そのマイナスをどうプラスに転化できるのかが大事なのではないかと考え続けてきた。それが私の学校づくりだった。

しかしもう一方で、この全国的に見ても余りにも「異常な」改革は直線的に進んでいるわけではなく、教育庁内部にも矛盾を抱えているということを見ておくことが大事であると思う。前述の石原知事発言（179頁）も改革の矛盾を自ら認めたものである。

卒業式に向けての「10・23通達」が出される直前の九月九日、校長連絡会ではS教育庁理事の講話があった。彼はこの中で次のように話した。

「校長は一人ひとりの個性、人間性を武器に自分に徹してやってもらいたい。自分の魅力を示すこと。校長が代われば学校も変わる。その人のやり方でいい」と。

その直後に立った指導課長は、

「今度の卒業式で（日の丸・君が代問題の）決着をつける。一〇月には都立校一律の職務命令を出すよう、校長に対する職務命令が出される。できなかった校長や違反者は処分される」

と、理事とはまるで反対の指導を打ち出す。

一方、日の丸・君が代問題を都議会で激しく取り上げてきた自民党と民主党（当時）の都議は、連名での「石原知事も知らない正常化を阻む東京都教育庁のサヨク幹部」（『月刊日本』06年4月）という文書でこう紹介している。

《平成17年8月25日に東京都教育委員会が開催されたが、委員会終了後、懇談会が開かれた。懇談会は非公式のものであるが、次回の委員会に向けての下打ち合わせのようなものであるから教育委員会そのものと考えて良い。その席上、教育委員会の事務局である教育庁から一枚の資料が委員に配布された。その委員に示された資料を見て、米長邦雄委員が驚いた。米長委員が驚いた資料とは、何と卒業式・入学式実施に際して、「教員一人ひとりに出していた職務命令をやめる」というものだった。……その教育委員会配付資料には、何と驚く事なかれ、教員一人ひとりに職務命令を出すことは「モラールがダウンすることになる」と書かれている。》

これが事実とするならば、このように教育庁内部でも深刻な矛盾を抱えているのである。この二人の都議は、「教育庁指導部は、教員指導の最前線を担当しているから、教育現場の実態は百も承知である。承知でこんな資料を作り、教育委員会を通過させて、学校を組合支配、サヨク教員支配に戻そうと画策していたのだ」などと口汚く罵倒する。

学校現場と直接関わり校長・教職員と接する教育庁の担当者は、学校現場を知れば知るほど、上から下ろされてくる施策と教育現場との矛盾を背負わされる。私が接してきた久留米高校の何人もの改革担当者も、卒業式問題での担当指導主事も、みな個人的には誠実でまじめな人たちばかりであった。私は都教委内の個人に対して何の偏見も持ってはいない。作家・赤川次郎氏が岩波ブックレット『大人なんてこわくない』で書いている。

《ただ、一つだけはっきり言えることは、実際に卒業式や入学式に出かけていって、立たなかった先生をいちいち記録したり、何人が立たなかったとチェックしたりする人たちは、もし時代の空気が変わって、日の丸も君が代もない、民主的な卒業式をしようというときになったら、やはり真っ先に出てきて、どれだけ日の丸を揚げずに卒業式をしているかを調べにくる人たちです。》

私もそう思う。教育庁を変質させ、教育委員会を変質させる都政そのものの問題である。したがって、これからの学校づくりを考えるには、行政による上からの改革に対して、学校から、また教師からだけの発想ではなく、社会の中の生徒の実態から、そして父母・地域住民の声から学校をとらえ直し、教職員・父母・地域が共に参加し、共同した学校づくりを進めていくことが求められているのだと思う。

また、こういう東京の教育の矛盾の中でもそうした学校づくりの努力が確実に為されているのである。そこで私たちは第二の課題として、この困難な中で取り組まれている学校づくりの努力を拾い上げてそれを広め、学校現場を励ましていくことが大事だと考えてきた。そこで前述したように、私たちの会では小・中・高・特別支援学校の現職校長を招き「学校現場の実態と学校づくり」のシリーズを組み、その優れた学校づくり実践を広めていこうとしている。

(3) 私たち退職者の役割

私たちの会の活動の三つ目の課題は、学習することから、語ること、働きかけることへ積極的に打って出ることである。

私たちは今までも例えば「日の丸・君が代」処分撤回の人事委員会審理や裁判において陳述書を書き、証言にも立ってきた。これからも地域の集会、学習会等に積極的に参加し、会の活動を知らせ、報告する。各種研究団体、教育運動団体に「会報」を送る。マスコミ、出版社等に取り組みの案内、会報を送り、つながりをつくる等の活動を広げたい。

さらには、教育基本法改正反対運動のときには、高知・長野・北海道・岩手・岐阜・沖縄等でも元教育管理職が声をあげた。東京の日の丸・君が代問題では「都庁元職員の会」が都教委に要請行動を起こした。これらの運動体とつながりをつくることをはじめ、会をひとまわり大きくして、励みをつくりたい。そして、全国的な規模での運動体をも視野に入れた活動を模索しているところである。

設立総会の基調講演で一橋大学の中田康彦先生は、「しがらみなき退職者の役割とは」として、私たちの活動の方向をこう示してくれた。

《現職だからできない、言えないことはやはりあります。その声をどれだけ代弁できるか。しがらみのない立場だからこそできることがあるのではないでしょうか。現職とは違う立場にある人がその立場を上手に使って代弁することをお願いしたいのです。

もう一つは、「もう一歩踏み出してみませんか」ということです。東京の教育改革に憤りや疑問を感じている人はもっといます。「九条の会」のように、とまでは言いませんが、組織化されていない人に呼びかけるためには、この会に集うだけではなく、「教育」という肩書きのない場面にも足を伸ばし、外へ出て行くことが大切ではないでしょうか。今日の会には私学関係者も父母（市民団体）も教員団体の方もいます。いろいろな人をつなげられるポジションにこの会はあるのではないでしょうか。現場から一歩距離を置き、それでいて現場のことに精通しています。

管理職は社会的には評価されています。だから管理職の発言は「校長が言うんだからよほどのことなんだ」と、一教員や教員組合の発言とはまた違った重みを持つ発言として、都民・国民から受け止められるのではないでしょうか。そういう「おいしいポジション」に皆さんはいると思います。そのポジションを上手に使って活動されることを期待します。》

私はこの中田先生の言葉が、私たちの運動の在り方の全てを語ってくれているように思う。

しかし、何と言っても会そのものの存在が知られていない。厳しい東京の教育情勢のもとで、一三〇名を超える元校長・教頭（副校長）等が結集しているということは極めて意味あることと思う。石原知事は、都立学校を変え、「東京から日本を変える」と宣言し、東京から「教育」を奪ってきた。私たちもまた、「教育」を取り戻して「東京から日本を変える」ささやかな運動を粘り強く続けていきたいと思っている。

第Ⅴ章 悩み多き校長、されど希望を

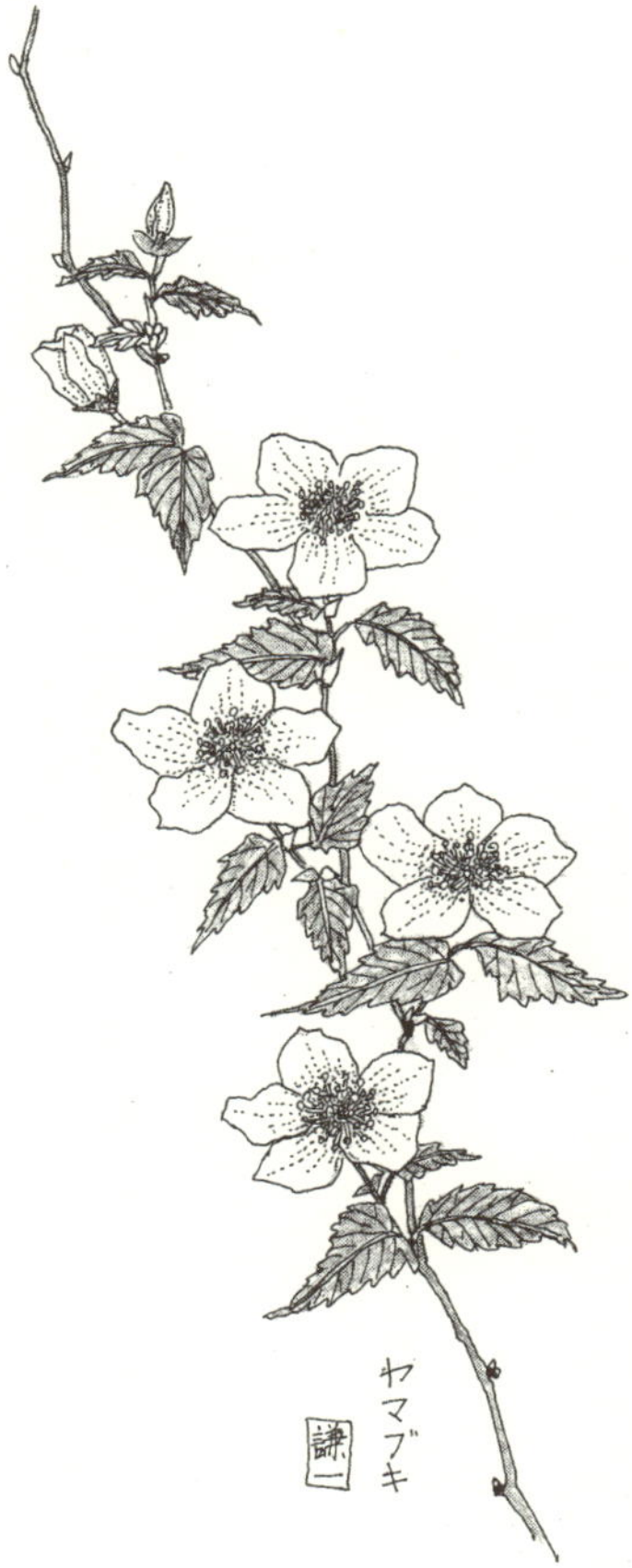

1　私の出会った校長たち

※新任時代の校長

私が新任で赴任した都立K工業高校のN校長は非常に厳しい校長だった。当時（1966年）の都立高校の教師には週一日自宅研修が認められていた。しかし、K工業高校は都立高校中三校だけそれを認めていない学校の一つであった。一時間目の授業がないと遅れて出勤することも認められている学校も多かったが、それも認めず、出勤時刻八時半になると出勤簿は校長室に引き上げられ、遅れると校長室に押印に行き、校長から説教され叱られた。私も一度あった。授業の週案を毎週提出させせられた。試験問題は事前に教務部に提出し、校長がそれをチェックした。

当時、国民体育大会（国体）では教員の部があった。私はその都のバスケットボール教員チームに入っており、大分県の国体で選抜メンバーとして参加することになった。都のチームの監督は校長であり、他の教師は出張や職免（職務専念義務免除）で参加したが、N校長は参加することすら認めてくれなかった。そこで休暇を申請したが、「そんな理由の休暇は認められない」と年次休暇さえ認めてくれなかった。私は教職員組合には入っていなかったが、組合が交渉してくれて休暇が認められた。そのN校長は出発前日校長室に私を呼び、三千円差し出して「頑張ってきなさい」と言ってくれた（当時の私の初任給は二万六千円だった）。

二校目の学校では四人の校長に出会った。皆温厚な校長たちばかりであった。N校長とは余りに違うので驚いた。私が教頭になる年までは校長の勤務時間の割り振りは決められておらず、校長の裁量に任されていた。校長はいつ学校へ来て、いつ帰るのかも分からなかった。朝はNHKの連続テレビドラマを見てから来るという校長もいた。校長室に卓球台を置いてしょっちゅう卓球練習をしている校長もいた。放課後はテニスばかりしている校長もいた。しかし、当時の校長は学校行事等で遅くまで残っていると、校長室に招いて酒を出して慰労してくれた。酒を全く飲まない校長もいたが、その校長も校長室のロッカーにはいつも酒を用意していた。

三校目の学校でも同じであった。大変生徒状況の困難な学校であり、私はほとんど生活指導部を担当した。ある生徒が暴力問題を起こし、自主退学を勧めるということになった。私は個人的には一貫して退学には反対し続けてきたが、その個人的意見とは別に生活指導主任として、その生徒の親に自主的に退学してもらいたいと何度も話し合った。しかし、親は納得せず授業料を払い続けた。そして最後に、「校長は何も言わないのに、渡部がうちの子を退学させた」と私を責めた。

またある生徒が喫煙し、体育科の若い教師がその事情聴取をしているとき、カッとなって灰皿を投げ、生徒の顔に当たった。ケガはなかったが、私はその日すぐその若い教師を連れて寿司屋をしている生徒の家に謝罪に行った。兄が激昂して激しく抗議してきたが、生徒思いのその若い教師の日常の熱心な指導を話し、率直に謝罪した。時間はかかったが、最後には寿司を食って行けと出してくれた。

このように、校長が前面に出ることはまずなかった。教師が自分たちで指導に責任を持ってやっていた。教頭とはよく議論したし、酒も飲んだ。教師たちは教頭を通して校長の考えも分かっていた。

とは言っても、どの学校にも一面的な「校長敵論」に固執している教師たちはいる。第Ⅰ章冒頭に書いたように、私が教頭となったときもそういう目で見られた。しかし、今のように校長・教頭（副校長）を「管理職」というふうにとらえる意識は少なかった。

※学校に自治があった時代の校長たち

教頭として赴任した時の校長も穏やかな人だった。その年の沖縄修学旅行には校長が引率したが、その最中に校長が倒れた。幸い大事にいたらずに済んだが、その年の人事異動で定年二年を残してより遠方の学校に転勤発令があった。校長は都教委に憤慨して定年前に退職した。その校長が最後に、私に「教職員を守ることも管理職の大事な仕事だよ」と言った言葉が忘れられない。

教頭時、二人目のK校長は厳しい人だった。初めて飲んだとき、「先生は見逃し三振と、空振り三振とどっちがいい」と聞かれ、「私は空振り三振派です」と言うと、「それなら私と一緒にやれる」と言われた。そういう校長だった。教師を怒鳴りつけることもあった。私も職員会議が終わると校長室に呼ばれ、「あのときどうして教頭として発言しなかったのか」と怒られたこともあった。教師を叱るときはよく見ておきなさいと、私も同席させられた。

しかし、自分なりの学校づくりの志を持った校長だった。学校改革の案を、考え方を付けて出した。私は大いに学ばされた。教頭は多くの場合、学校には最後まで残っていたが、K校長は「遅くまで残る必要はない。管理職がいなければやっていけないような学校はロクな学校ではない」と言って私に帰りを誘った。それは今でも一つの真理であると思う。当時、一緒の学校に勤務していた事務職員がある教育雑誌にこう書いている。

《校長と教頭は主義主張が違いながらも、豊かな教育実践を求める意志は同じではなかったかと思います。校長は校長で着任時から毎日校門に立ち、登校する生徒に「おはよう」の声を一人ひとりにかけていました。私が都立高校に勤めてから初めて見る光景であり、感動したのを思い出します。管理職の日頃の言動・行動が伝われぱそこに働く仲間は当然、一生懸命頑張ろうという思いに変わり、一緒に豊かな教育実践を追求しようと思うものです。校長・教頭のすばらしいところは、上からの押しつけで物事を進めたのではなく、徹底的に議論をし、共通理解を広げていったことで

はなかったかと思います。》

振り返ってみれば、みな個性的な校長であった。それは教育における「学校自治」がまだかなりあったからである。校長の裁量が認められていた。だから一方で極めて管理主義的な校長もいたが、教育者足らんとする校長も大勢いた。

2　追い込まれる校長たち

二〇一〇年八月、知り合いの現職校長から突然、電話があった。

「先生、ついに都立高校にもクーデターが起こりましたよ」と言って、当該学校の教師から知らされたという話を伝えてきた。都立M高校の主幹教諭が玄関で校長の顔を殴り、その後職員室で副校長にパイプ椅子を投げつけ、階段でも校長に椅子を投げつけ、校長は手の指を骨折したというのである。こんなことは今まで聞いたことはない、ついにここまで来たかという感であった。知らせてきた校長も同じ思いで電話してきたのであろう。主幹はいわば中間管理職である。みんなここまで追い込まれているのである。

私はどうしても、前引用の、私が教頭になった当時の教育委員会が言っていた言葉を再度確認しておきたい。

「学校は、校長を中心として自主性・創造性を発揮することによってその効果が上がるものである。そのために学校の管理機関である教育委員会は、校長へできるだけ権限を委譲して学校との協調・連携化を図る必要がある」

「教育課程の編成については、学習指導要領及び教育委員会が定める基準によることとしているが、教育委員会への届出事項とされており、その編成主体は学校にある。学校の責任者は校長である（学校教育法26条）から、教育課程の編成の責任と権限は、最終的には校長に帰属する。校長は当該学校の各職員と協議しながら、自ら研究し創意と工夫をもって教育課程の編成にあたるべきであり、その面において主体性を発揮すべきである」

「学校には……校長、教頭、教諭、養護教諭、事務職員、助教諭、養護助教諭、講師、実習助手、技術職員のほか、学校栄養士、給食調理員、学校用務員など数多くの職種の職員がいる。学校医や学校薬剤師などの非常勤職員については、言及を避けるが、学校はこれら多くの職員によって、校長を中心として児童・生徒に対する教育の場として運営がなされなければならないのである」（教職員人事問題研究会編著『教職員人事と学校運営』ぎょうせい／１９９６年）

それが第Ｉ章で辿ってきたように、石原知事自身が言う「私は就任した時に、中曽根さん（中曽根康弘元首相）から『これだけのことをやれ』と言われたんだけど、ただ一つできなかったのは教育の破壊的な改革」（前出179頁）によって、「学校の自主性・創造性」「校長の権限」「教職員との協議による教育の場としての運営」は完全に奪われてしまった。

前述したように、学校行事の一つである入学式・卒業式での都教委の通達は、国歌斉唱義務不存在確認等請求事件東京地裁判決（06年9月21日）が「各学校の裁量を認める余地はほとんどないほどの一義的な内容になっている」「都立学校の各校長の裁量を許さず、これを強制するものと評価することができる」と指摘したように、教育活動における学校や校長の裁量は全く奪われている。

職員会議は、全教職員の「協議」そのものも否定され、「挙手・採決の禁止」通知で、校長が生徒指導についての指導方針を出すのに自らの意向で教職員の考えを確認したことまで処分されるのである。全教職員による協議を大事にし、一致点をつくり出し、協力・共同して教育活動に当たる、校長としてその先頭に立つというような「校長方針」は認められないのである。

この間の「改革」で、「校長の権限と責任において」ということがうたい文句として言われてきた。しかし今や、校長の権限とは、都教委の下達を校長権限で忠実に果たすことであり、その結果の責任だけとらされる。そこには教育者足らんとする校長の権限も裁量もない。校長の苦悩はここにある。学校づくりや学校運営をもっと自由にやらせてほしい、校長の誰もがそう願っている。

こうした中で都教委自身が「校長・副校長の現状」として指摘する、管理職の「受験率が近年大幅に低下していることから、校長・副校長の人材不足がすすんでいる」「現職の校長や副校長、特に副校長の中で、精神疾患による病気休職者が近年増加している」という事態が起こっているのである。

せっかく管理職になっても、〇八年度東京都の希望降格者は全国の管理職希望降格者（校長・副校長・主幹）一七九人の33％にも当たる五九人に及び、全国でも突出しているのである。一言で言うならば「疲弊と閉塞」状況に陥っている。

さらには、この東京の「改革」は、上からの管理で貫くことにあるが故に、「管理とは諦めさせること」という実態に陥っていることである。ものを考えても、言ってもしょうがない、言われたことをやるしかない、言われたことだけをやればいいという「諦め」が教職員の中にも、校長の中にも広がっている。私はそれを最も恐れる。

いかなる校長といえども最初から管理職を目指して教師になったわけではない。教育活動への夢と、主体性を奪われた、ただ管理する「経営者」との矛盾に苦悩している。徹底した管理と統制のもとで孤立し、その苦悩を吐き出せない苦渋を背負っているのは誰よりも校長ではなかろうか。

しかし、教育が生徒の未来にかけた夢である限り、私たちは諦めるわけにはいかないのである。

3　私の校長論

(1) 大事にしてきた三つの視点

私は三八年間の教職生活を振り返って肝に銘じさせられたことが三点ある。

一つは、「人間は一人ひとりみな違う、だから一人ひとりがみな尊い」ということである。教師として数え切れないほどの生徒と出会ってきた。様々な教師と出会ってきた。その一人ひとりは誰一人として同じではないということを思い知らされてきた。その一人ひとりを一つの教育観で括ることなどできないのだ。だから一人ひとりを本当に大事にしなければならないということを肝に銘じさせられた。

二つは、「議論なくして活力なし。納得なくして意欲なし。信頼なくして指導なし。尊敬なくして管理なし」ということである。

議論は、考え、素直に表現し語り合い、共通点を見出していくことである。その自由があってこそ教育活動の活力も生まれる。ものを考えるな、意見を言うなということでどうして活力など生まれるであろうか。このことは学校の民主主義の根幹に関わることでもある。命令と強制による異論の排除は民主主義の否定でもある。

合点する、納得するから「よしやろう」という意欲が生まれるのである。教職の困難さは単に生徒状況の悪さや時間的多忙にあるのではない。教育活動の喜びは生徒との格闘の中にこそある。そうではなく、納得もしないことをやらされるから疲弊と閉塞に陥り、諦めしか生まれないのである。

私たちは生徒のもっている成長への力を信頼するから指導するのである。無視や強制は侮蔑である。生徒を直接指導する教職員を信頼しないでどうして教育活動を高めることなどできるだろうか。尊敬するとまでいかなくとも、人間的に信頼できるからその人の言うことを聞くのである。信頼もされずに、単に指導し命令し強制して、教職員は従うふりをしても、どうして心から活動するようになるだろうか。

三つは、「生徒のことは生徒の中に入って学ぶ、親のことは親の中に入って学ぶ、地域のことは地域の中に入って学ぶ」ということである。

私はそのことを岐阜県恵那《えな》の教育運動（注10）の中で学ばされ、そして、三多摩と呼ばれる東京都下市町村地域での高校増設運動から発した「三多摩高校問題連絡協議会」という、母親を中心とした地域教育運動に関わる中で学ばされた。何よりも、私も一人の親として、子どもたちにかけた親の切実な願いのまともさ、切実さ、真剣さに強く心を打たれた。そして、学校の中から、あるいは教師からだけの発想ではなく、地域から学校を教師を見ることの大事さを学ばされ、親・地域・教師が共同して教育に関わっていくことの大事さを痛感させられた。それは都教委のいう学校を外部に開き、外部の監視と評価のもとに競争させる「開かれた学校」とは全く異質な、『競育』から『共育』へ」ということでもある。教育は、いかに生くべきかという私自身の問いを子どもと共に実践していくことであり、共に育て、共に育つことでもある。

そうした視点を大事にしながら、私は校長として赴任して「学校経営計画」をつくるに当たって、「学校経営計画の前提として」を教職員に協議資料として提出した。そこから、校長としての可能性を探ってみたい。

また、この困難な東京の教育状況の中で「頑張っている現職校長」も大勢いる。その頑張っている校長たちからあるべき校長像を考えてみたい。

〔注10〕恵那の教育運動＝「地域の生活と文化の中で子どもの発達を組織する」という理念に立って、「生活綴り方」を基調とした教育実践のもと、父母、地域住民、子ども・生徒、教職員（管理職・教委も含め）各層の重層的な先進的地域教育運動を展開してきた。私はかつて四度この地を訪れ、学ばされた。

⑵「教育のことばを語る」校長に

私の基本姿勢として「学校経営計画の前提として」で、第一に提示したのは、「教育は『愛とロマン』ー教育に『人間的価値』を貫こう」ということだった。

私たちはどんなに苦悩しようと諦めることはできない。諦めさせることが今日の「教育改革」であり、それに対して私は、教育は子どもたちの未来にかけた夢であり、希望を持ち続けることだと考えるからである。だから、私が徹底的にこだわったのは、学校の「経営者」や「セールスマン」としての校長ではなく、「行政のことば」ではなく、「教育のことばを語る」校長でありたいということである。

管理職になったとたん、自分は実践や教育識見が優れているからなったのだと思ってしまうという最大の誤解を持つ校長がいる。そのことを自覚しているかどうかが分かれ目である。私は校長として赴任した最初の職員会議の挨拶の中で、

「私は教育実践が優れているとか、教育的識見が高いから校長になったのではないということを自覚しています。先生方の中には私などより優れた教育実践をしている先生が沢山いると思います。私は先生方のそういう努力を少しでも支えられたらと思っています」ということを言った。

教師とは、あふれる思いのある人のことである。校長がリーダーたる所以は、前述の自覚を持ちつつ、先生方と共に、教育への熱い思いを語る先頭に立つ、という点になければならない。と同時に、その先頭に立てる立場にいるということである。昔も今も、教師も生徒も親も、そういう校長を求めているのだろうし、そこに校長としての可能性もある。

同時にこのことは、自分の言葉で「生徒に語りかけられる」校長になるということでもある。

校長は単なる経営者ではない。私は全日制・定時制で年間、入学・卒業式四回、始業式・終業式一二回の式辞・講話をし、学校行事での挨拶、生徒の処分等特別指導の申し渡し・解除での講話、PTAの諸会議での話等、生徒への直接指導、保護者への話等をしてきた。それらは校長としての重要な任務である。これらの指導を通して、生徒・保護者の心をつかむことができるか、同時に、その指導を通して先生たちの指導をリードできるかどうかにリーダーとしての資質がかかっている。

私が出会った校長たちは原稿を棒読みする人がほとんどだったが、私は一度も原稿をもって話をしたことはない。校長は役人ではない。生徒の顔を見ながら自分のことばで語りかけるべきである。

そしてこの「教育のことば」に私が貫いてきたのは、「人間への信頼」ということである。私は「人間讃歌のある学校」ということをスローガンに掲げたが、教育は人間の尊厳づくりに他ならないというのが私の考えである。今日の大きな課題は、学校に「行政のことば」ではなく、「教育のことば」をあふれさせることである。校長はその先頭に立たなければならない。

(3)「命令する人」から「励ます」校長に

二つめは、『全教職員が協働する学校づくり』ー一人の優れた教師より、協働した集団の取り組みを」を提起した。

今日の管理職の中には、組織者としての教育活動経験を経てきていない人が多くいる。職員会議の教育論議で、教科・学年・分掌の実践で、ＰＴＡや地域活動での組織的実践活動とは全く別に、人事考課制度下で管理職になるためには、教育委員会に忠実であるかどうか、校長に協力的かどうか（教委や校長の方針に従順であるか、その貢献度）が最大の課題であり、日常教職員とはほとんど付き合わない、職員会議では発言もしないという教師が管理職に合格していくということも出てきている。したがって、上意下達の命令でしかものを言えないのかもしれない。

また、教育委員会が校長に発する指導には必ず「校長の権限と責任において」という言葉がつく。それを受けて校長は教育委員会の言う通りに「校長の権限と責任において」教職員にやらせるのである。教育活動をこうした服務上の上下の関係でしか見ることができないで、どうして教職員を活き活きとさせることができるだろうか。管理職とは、「命令する人」「従わせる人」ではない。現場での日々行われている多様な実践を汲み上げ、意味付け、全体に組織していく人のことではないのか。「協働性」こそ教育活動の命であると私は考えてきた。校長とはそれを最も大事にし、組織できる人のことである。

今、新しい体裁をとった経営論が言われる中で、生徒も教師も人材としてとらえ、その「育成と活用」が言われる。しかし現実には、相変わらず「この指とまれ」の同調者をつくる管理と排除の組織論になっている。「教員評価」というが、今、校長はどれくらい日常的に教職員と話をし、個々のことを分かっているか。私的なことをも含め、「問題」をもつ教師に心を寄せられるかどうかが校長としての役目であろう。

都立高校の現職A校長は、就任するとすぐ教職員向けの「校長通信」を出し始めた。その第一号には「初心証明演説」としてこう書いている。「証明」というのがいい。

《……今の閉塞感漂う都立高校の先生方を元気にしたい。それが私の校長としての基本的スタンスです。日々直接生徒と接する先生方の元気がなければ、そして、この学校で頑張ろうという気持ちがなければ、結局、そのしわ寄せは生徒にいきます。……

どんな崇高な理念や厳格な規則があっても、すべてのことがそれを運用する人と人との関わりの中で、良くも悪くもなっていく。学校現場の最前線で体を張っている職員を信頼し、保護者や地域など学校をとりまくすべての人々の連帯感や一体感をいかに高めるか、それこそが学校の最高責任者の使命ではないのか。……できる限り先生方の意見に耳を傾けていきたいと思います。不満、苦情、提案など、何でも気軽に副校長や私にお話しください。……柔軟に組織の在り方の見直しを行います。その一環として、職員会議の運営を先生方にお願いしようと思います。ねらいは活力のある意見交換の場をつくることです。》

また、「納得ある職場づくり」を目指してこう言う。

《私が赴任以来、一貫して訴えてきたことは、職場の中に活力ある意見交換の場をつくることでした。そして、それを担保する組織の寛容さとは、そこに集う人々の相互の信頼と尊敬のレベルに左右されると私は考えてきました。……

私は八年間に駆け足で五校を経験しましたが、どの学校にも同様の多忙感、閉塞感は漂っていました。しかし、普段から教職員が自由に意見や考え方を出し合うことのできる納得ある職場には自然と希望や活力が蘇ってきました。……納得ある職場とは、「仕事をする上で、その考え方ややり方には納得できない」という意見に対して、管理職をはじめ職場全体が正対し、問題点をつかみ、その問題点を一つひとつ解決していく過程のある職場ではないでしょうか。そういう意味では今、本校はすばらしい職場の空気に満たされていることを実感しています。》

それは、教職員間で教育のことばが語り合え、互いに支えられているという「安心感」のある職場づくりでもあり、その根底にあるのは、A校長も言うように、徹底して教職員を信頼するということである。A校長の学校づくりは、私のあげた「議論なくして活力なし。納得なくして意欲なし。信頼なくして指導なし。尊敬なくして管理なし」ということと重なり合う。

私は卒業式・入学式等での君が代斉唱時の不起立処分をめぐっての人事委員会や地裁での審理に陳述書を書き、証言にも立ってきた。また、傍聴もしてきた。その中で都教委は職務命令を出した根拠として、教職員の抵抗がいかにひどい状況であるかを挙げる。そういった一部の該当校校長が証言に立って、自らの学校の教職員を「心ない教員」「生徒を全く顧みない教員たち」等々と侮蔑し罵倒する言葉を聞いて、実に不愉快というより気持ちが悪くなってきた。

これほどまでに自分の所属教職員を侮蔑、罵倒してどうして教職員が校長を信頼し、校長に協力するだろうか。だから、「孤軍奮闘」を誇らしげに語るのである。それで学校運営ができるわけがない。この関係を変えることなしに、さらに「命令」で従わせようというのである。

実はこれらの校長を私はよく知っている。皆そんなに「悪い」人ではない。都教委側の証言として、現職校長としてはそう言わざるを得ないのであろうし、またそう言うよう指導されたのであろう。だから余計みじめになる。

日々直接生徒の教育実践に当たり奮闘しているのは個々の教師である。A校長は、「学校現場の最前線で体を張っている教職員を信頼し」その教職員を励まし元気にすることが「最高責任者の使命」として、「信頼と尊敬の組織風土を育て」、徹底して教職員を信頼して学校を変えていった。

人は信頼されるからそれに応えようとするのである。同時に、指導するとは諦めさせることではない、その気にさせることである。人は納得し合点することで「その気」になり、校長と教育活動を共有する。教育的価値を共有させられる力こそ真の管理であろう。人をダメにするのは誰にでもできる。

私を管理職に誘ってくれた恩師から、教頭になったとき「一番嫌いな人を好きにならなければ管理職はつとまらないよ」と言われた言葉を実感させられ続けてきた。

(4) マイナスをプラスに転化する

第三に、「生徒や教育状況のマイナス面をマイナスとしてだけでとらえるのではなく、マイナスの中にこそ発達の芽、新しい道への芽をとらえ、プラスに転化する取り組みをつくり出そう」という提起をした。

現教育委員会の施策下でしか活動できない現職管理職に「あるべき論」だけをいくら掲げても励ましにはならない。その施策にそって、それをどうプラスに転化していくかこそが求められているのだと思う。例えば、「教員評価」をせざるを得ない状況下で、それをこんなふうに組み替えている校長がいる。

区立小学校の現職S校長は、教員評価制度では「集団としてどう協力共同して取り組んでいるか」という視点を出し、教員評価を個人としてではなく、学校の集団的取り組みをつくることに作りかえている。

市立中学校の現職M校長は、「仲間が仲間を育てる」教師集団づくりを目指している。若い教師が増える中で、ベテランや中堅が若手に声をかけるということが減ってきている。この中で、M校長は自己申告の面接時には何よりも本人の長所を見出すことと同時に、その長所から若手の教師への援助を頼んでいる。するとその先生も意気に感じて若手に声をかけ、意識的に援助をしてくれている。

また、若い教師の「困難」の大半は生徒や保護者との対応だが、単に口で指導したり注意するのではなく、生活指導や親との関係をつくることが上手い先生にフォローに入ってもらい、実際にやりとりを見てもらってから自分で動いてもらう等、具体的中身を与えた援助をしている。教員評価のもと、一人ひとりが孤立していく中で、「仲間が仲間を育てる」教師集団づくりは重要な課題である。

また前述のA高校長は、教員評価を教員評価だけに終わらせず校長評価をしてもらい、共に高め合う教育活動づくりに組み替える。

《制度は制度として、それを回す管理職が、いかに血の通った、職場の希望ややりがいを支える運用をするか、それが今問われている。特に、教育の現場では、教職員の元気や希望が、そのまま生徒の元気や将来の夢に影響を与えるからです。この課題に対して、ひとつには、職場の声を校長に直接フィードバックする仕組みを作ることだと考えています。校長自身が「自分のやるべき仕事をきちんとこなし、職員から後ろ指をさされない」そういう状況にあるのかどうか、さらには「こうしたらもっと教職員のやる気や元気が出る」そんな改善策に真摯に耳を傾けているのかどうか、それを職員が一堂に会する職員会議の場の発言として、あるいは、「校長アンケート」として、職場の皆さまに直に校長を厳しく評価してもらうことだと考えています。夢や希望がもてる魅力ある職場づくりのために、まず、座敷牢を出たタコがタコつぼにこもらぬよう、忌憚のない厳しい「校長評価」をお願いします》と。

こうした中、教職員から返ってきた意見のほんの一部を紹介すれば――

◆親しみやすいがもっと品がほしい。
◆仲良しクラブの学校経営と誤解されるようなことは厳に慎む。
◆職員と話をするとき、自分中心ではなく、相手の話をじっくり聞く姿勢を持つ。
◆職員会議の運営をはっきりさせたい。協議なのか報告なのか、議題があるのかないのかよくわからない。企画調整会議でどのような議論がなされたのか不明である。事前に議題を整理してレジメにする。

◆若手が増えて活気が出てきたが、若手が率先して仕事をする雰囲気がまだ不足している。同じ職場の年配者が厳しく指導することも必要である。

——と手厳しいが、そんな中で職場の雰囲気は確実に変わっていった。

◆学校の雰囲気が明らかに変わってきた。

◆何でも話し合える雰囲気が生まれてきている。

◆職員室の雰囲気は落ち着いてきている。

◆若い人が失敗を恐れず職務に取り組めるようになってきた。

◆とにかく風通しが良くなった。学校はこうあってほしい。校内美化、校内環境もよくなりつつある。

また、都教委は二〇〇八年度に、職階層の上下による指導・被指導という新たな研修制度「ＯＪＴ」（第Ⅳ章166頁）を学校に下ろしてきたが、それを「命令やシステムでは人は育たない」と、若手の不安や悩みに応えるものとして、若手が信頼する中堅教員にオーダーを出し、上から指導するものとしてではなく、若手教員の主体的な意思による「教員同士の学び合い」に組み替えている。

この「マイナスをプラスに転化する」と関わって、私は「地域に根ざした、真に『開かれた学校』に―『共育』の創造を」ということを掲げた。

東京の「教育改革」は「地域に開かれた学校」ということを一つのスローガンに掲げてきた。しかし、学区を撤廃し、学校の統廃合をすすめ、学校から地域を失わせてきた。地域を組み入れた「学校運営連絡協議会」は校長を支える都合の良い人選をするものでしかない。都議会の特定党派の声を都民の声として教育行政に押しつけてきた。「真に開かれた」とは、都合のいい意見だけを「つまみ食いしない、ダシに使わない」ということが原点でなくてはならない。

私は、「批判は期待の裏返しである」ということを言い続けてきた。だから先ず批判を受け止めようと呼びかけてきた。それは、学校から、教師からの発想ではなく、生徒から、親から、地域からの声を受け止め、協力共同して学校づくりをすすめるということでもある。そのために、校長方針を支える学校運営連絡協議会ではなく、校長方針をつくるために、赴任して先ず、同窓会、PTA、地域代表、地域中学校、市教育委員会、教職員代表等からなる「久留米高校問題連絡協議会」をつくった。

また、教員評価に関わっての校長・教頭による「授業観察」を教師同士の授業研究に高めることを提起した。同様に、「生徒による授業評価」を今まで取り組んできた生徒・父母・教師による「三者懇談会」での主要なテーマとして、三者で共に授業改善を図るものにしようと提起してきた。

しかし授業観察は一部いっしょに参加する教師も出たが、実現するまでには至らなかった。生徒による授業評価は定年退職で果たせなかった。

教育実践とは本質的に、生徒の一見ダメに見えるその奥底に、もっと人間らしく生きたいというもがきをつかみ、それをプラスに転化していくことでもある。ダメをダメとしてしかとらえられなかったら、生徒がダメになっていくか、教師がダメになっていくかしかない。校長もマイナスを含む教育施策のそのマイナスをどうプラスに転化するかが問われているのだと思う。

(5)「教員に責任を転嫁」しない「責任をとる」校長に

第四に、「学校経営計画の前提として」で「ガラス張りの学校をーウソをつかない、誤魔化さない、言い逃れをしない学校運営を」をうたった。

第Ⅱ章で「校長の権限と責任とは」についてはその実態を述べたが、都教委が絶えず言う「校長の権限と責任において」（教職員に……を徹底する）ということは、現実には、校長の独自の方針でとか、創意工夫でとかということでは決してない。「校長の権限」を使って都教委の指示通りに教職員にやらせきることが「都教委に対する校長の責任」であるということであり、校長は絶えず教育行政に対する責任を問われている。教師の責任は「校長への責任」であり、校長は個々の教師の個人責任を問うということにならざるを得ない。それが都教委への貢献度を問われる校長の、また、校長への貢献度を問われる教員の人事考課制度の一つの側面であり、「言われたことだけをやっていればいい」という互いの諦め、無責任を生んでいる。

しかし、校長の責任とは、「教育を通じて国民全体に奉仕する教育公務員の職務とその責任の特殊性」（教育公務員特例法第一条）に基づき、学校教師集団の教育活動の責任者として、教師と共に、「国民全体に対し直接に責任を負う」（教基法第10条）ことである。自らの意思決定の過程を、教育活動について教職員集団の合意形成を図り、協働体制を作り上げていくものにしていくからこそ、校長は外部に対して学校の責任をとれるのである。それができないから、教委に対する責任逃れが先行し、教職員の自己責任に転嫁し、生徒・親には言い逃れになっていく。

前にも書いたが、私は「本音をしゃべりすぎる」と教師から心配され、注意されたことがある。どうしても隠しておけない気の小さい人間である。だから、早とちりや誤解でしゃべってしまい、間違いを指摘され、何度も教職員にすぐに謝った。誤魔化したり言い逃れだけはしなかった。

また、私が一番嫌いなことは、後になって「言ったの、言わないの」ということである。そういう無責任だけは避けたかった。そのために、自分の言うことは全て「校務連絡」で必ず文書にした。そして何よりも全教職員の協議と合意形成を大事にした。校長の責任は教職員の合意に支えられるからとれるである。

前述したM中学校長は、経営方針に「失敗の許される学校」を掲げ、先生方には「先生、失敗してもいいんですよ。失敗しても最後には私が責任をとります」と言う。教職員はそう言える校長を信頼しないはずがない。

先に挙げた日の丸・君が代処分に関する人事委員会や地裁の審理の中で、私は職務命令を出すことが大事だと言ってきた都教委の指導の事実を諸々の具体的事実を挙げて指摘したが、都教委側の証言に立った校長たちはみな一様に、都教委から教職員に職務命令を出せなどとは言われていない、「校長としての私の権限と責任において」発出したと言う。そう言わされている。それは、二〇〇四年六月八日の定例都議会で、教育長自身が「都教育委員会は全校全教職員に対して、包括的職務命令に加え、個別的職務命令を発出するよう指導したところでございます」と答弁しているにもかかわらずである。校長の置かれている「権限と責任」のみじめさ、悲しさを痛感する。それはまた、教育委員会の無責任さからも来ている。

第Ⅱ章で七生養護学校金崎元校長への一カ月の停職と教諭への降格という処分問題を紹介した(98頁)。これに対し、最高裁は都教委の上告申請を「不受理」とし、判決は確定したが、この処分の間違いに対して教育委員会は一切責任をとらないばかりか、謝罪要求に対しても一切応じないのである。教育委員会は校長に対しては責任をとらず、校長の責任だけを追及するのである。

管理職とは、教育行政に対してではなく、教職員に、生徒・親に、地域住民に、直接責任をとる人、とれる人のことである。

(6)「安心して自分を語り、互いに認め合える」職場づくりの先頭に立つ

私は教職生活を通して教職員集団の一部から味わされてきた苦渋から、また、都教委の憲法・教基法否定に対して、「生徒と私たちのあらゆる階層の集団の中に『真に民主主義』を追求しよう」ということを訴えた。

それは一つには、私は現職時代を通して都教委や校長に批判をもつことはあっても、敵対したり闘ったというようなことは一度もない。批判を恐れずに言うならば、教職員組合での異論を徹底的に排除しようとする一部の教師たちには本当に苦しめられた経験からである。

赴任三校目の高校では私が赴任する前に、私の生活指導実践レポートを材料に渡部をどうやってやっつけるかという勉強会をもったということを、後になってその仲間の一人から聞いた。新任の教師は、「渡部とは付き合うな、あいつと付き合うと赤い血が流れるぞ」と言われたという。私はなり手のない生活指導主任をやっていて、都教委の生活指導主任の研修会に出ていたが、組合の会議で、「うちには管理職になりたくて主任をやって都教委の研修会に出ている者がいるので、大変やりづらい職場だ」と私を非難する。ちなみにその教師は私の異動後、管理職試験を受け、校長に

なった。

そういう状況は今日になっても、特定政党支持を強制し、組合費の裏金から一六〇〇万円もの資金を提供して選挙違反に問われた教組があったということは記憶に新しい。民主主義を教える教師たちは何よりも先ず自らの集団を民主的集団にしていくことを求められているのではなかろうか。

二つに、私が校長になってから都教委は憲法、教基法、子どもの権利条約を教育委員会方針から削り、命令と強制で教職員の自由な討議も否定し、徹底的に異論を排除する教育行政を進めているからである。それは民主主義の否定でもある。

三つに、私が校長として心配していたことの一つは新任教師問題である。教員評価制度の下で協働性が崩され、教師たちが互いに孤立していく中で、一年間の条件付採用で評価を気にし、三百時間もの初任者研修に追われ、『二十四の瞳』の大石先生みたいになりたい」と言っていた新任教師が一年もたたないで保健室登校になり、やがて学校にも出て来られなくなる。そういう教師を支える教師集団が希薄になっているからである。

学校は民主主義を語るのではなく、自ら実践する場でなくてはならないと思う。民主主義とは何かなどと言うつもりはない。私は何よりも学校の職場空間というのは、安心して自分を語れる場であり、そうできる人間関係になっていなければならないと思う。それは異論を排除する論理ではなく、異論を互いに認め合い、共通点を追求し、つくり出そうという、みんなが関係し合う職場である。それが民主主義の基礎ではなかろうか。

今や都立高校では、全教職員一人ひとりにパソコンが配置され、職員室ではみなパソコンに向かっている。休み時間、空き時間に隣同士で生徒のことを語り合うこともますます困難になってきている。だからこそ学校に教育のことばをあふれさせることがますます求められている。

S小学校長は、「共に育てる教育」づくりを掲げ、「みんなで一緒にやりましょうよ」というメッセージを、教職員にも、親にも、地域にも、教育行政にもひたすら送り続けている。

M中学校長は、「失敗の許される学校づくり」を掲げ、教師たちが互いに「いいとこ探し」をするコミュニケーションづくりを図っている。

A高校長は、活力のある意見交換の場をつくるため、職員会議の運営を先生方に任せ、「信頼と尊敬の組織風土を育てる」として命令系統ではなく、人と人との教育の言葉を語り合える「安心」のある職場づくりを目指している。

校長の真のリーダーシップとは、「教職員がお互いに、気軽に相談し・相談される、教える・教えられる、助ける・助けられる、励ます・励まされる、癒す・癒されることのできる人間関係」(『開かれた学校づくりと学校評価』序章「教育改革と学校経営の基礎基本」浦野東洋一／学事出版）をつくり出すことでなくてはならない。

付け加えるならば、公教育に携わる教職員は、憲法99条の憲法の遵守擁護の義務に基づく地公法

31条の「服務の宣誓」義務により「日本国憲法を尊重し、且つ、擁護することを固く」誓ったのであり、その先頭に立つ校長は、何よりも憲法を遵守するのみならず、それを擁護する人でなければならない。それこそが校長の「職責」である。教育基本法が改悪されたなかで、先ずこの基本的職責を確認しておくことが重要である。

都教委は、「公務員たる教員は、全体の奉仕者として、生徒のため、服務の根本基準を自覚しなければならない」と言う。そうであるならば、何よりも先ず都教委が、憲法・教基法の基本的精神は何なのかを明らかにし、それに則った服務の根本基準を自覚しなければならないのである。服務の「根本基準」を「上司の職務上の命令に従う義務」の一点に矮小化してはならない。

(7) 教職員自らの管理職論を

学校が経営組織体につくりかえられ、組織が重層化されればされるほど民主的リーダーは必要となる。私は、校長を追いやり敵対することで自分たちの組織を守り、また教育実践と離れて戦闘的な言辞を煽っていた人たちが、いかに変質して最悪の校長になっているかを思い知らされてきた。

私がよく知っている校長の中には、校長主敵論で職場闘争を煽っていたのに、校長になって最悪の管理主義を貫いている人がいる。体罰を公言する暴力的教師だったのに、校長になったとたん、教職員に体罰禁止を声高に言う人もいる。日の丸・君が代を物理的にも阻止しろと主張していた教師が、校長になると協議も拒否して命令で強制する。それは「若気の至り」で済まされることなのだろうか。

私はそういう校長がいるから、そこに教職員が自らの校長像を積極的に打ち出していく必要を実感する。「私たちの教育管理職」の在り方を、教職員自ら考えていくことを提起したい。

そしてまたそういう動きも生まれている。日本高等学校教職員組合は二〇一一年「高校教育再生の道はどこにあるか」という全教職員の議論のための提言を出した。その中で「民主的なリーダーとしての校長を育てていきます」という項を掲げている。

また東京都の校長試験は、私のときは論文試験もあったが、今やそれもなく、業績評価と面接だけである。まさに教委の一本釣りになり、「教育者としての識見」よりも都教委への忠誠度審査とも言えるものになっている。

私は、「誰かがやらなければならない仕事なのだから」と言われて管理職受験を勧められた。それはそうに違いないのだから、教職員自らが「どういう人に管理職になってもらいたいか」「どういう管理職を求めるのか」を積極的に打ち出していくことが必要ではなかろうか。そしてそれは教職員だけのものであってはならない。生徒、父母、地域が共に参加する学校づくりの中で作り上げていく必要がある。

4　されど希望を

(1) 黙らず、諦めず、問い続けること

私は君が代斉唱時の不起立処分をめぐっての東京地裁で、陳述書を書き証言にも立った。その陳述書で最後にこう書いた。

《最後に私が申し上げたいことは、私たち教育現場で日々苦闘している者にとっては、違法か適法かということよりも、たとえそれ（職務命令）が違法とはいえないものであっても、それは教育的であるかどうかということです。教育委員会には「権限」があるから何でもできるというような乱暴な議論は教育を破壊するだけです。教育の条理に立って学校づくりや教育実践を問い直すことこそ求められているのだと思います。同時に、今日の教育委員会と学校との関係をめぐる問題は、以上述べてきたとおり、教育における民主主義をめぐる問題でもあるということを強調しておきたいと思います。》

私は、この教育の条理に立って教育における民主主義を追求し続けること、決して諦めることなくそれを問い続けることに、私たちの希望があるのだと改めて思っている。なぜならば、教育委員会はそれを決して語らないし、語れないからである。

私は「当面の教育課題」「経営論」「服務管理」等ばかりの校長研修の毎回のアンケートに、「前提としての教育とは何かということについての研修を入れてほしい」と書き続けたが、そういう研修は一度もなかった。そもそも教育の営みとは何なのかを追求しては、「学校も企業である。校長は教育者ではない、経営者である」などということは言えなくなるのである。立脚点を欠いた「改革」が教育を破壊してきた。だからこそ、私たちはそれを問い続けるところに希望を見出す。

たとえば、君が代斉唱時不起立処分をめぐる裁判では、多くは都教委の校長に対する職務命令及びそれに基づく校長の発した職務命令は「思想・良心の自由」を侵してない、「不当な支配」にも当たらないという判断である。しかし、「予防訴訟」（注11）東京地裁判決は教職員の全面勝訴（2006年）、東京君が代裁判第一次訴訟の控訴審でも東京高裁は処分取消判決を出した。最高裁判決の処分取消訴訟ではこれまで（2011年6月まで）四つの判決が出たが、いずれも校長の職務命令は合憲の判決だが、総て裁判官の意見が割れている。

四つの判決では退任者も含めのべ一七人が関わったが、それぞれの裁判で一人ずつ四人が反対意見、七人が補足意見を述べているほどに一致はしていないのである。その違いは、「教育の営み」

及び「学校現場での教師の教育活動の実態」を捉えているのかどうかにある。

職務命令は合憲とした多数意見も、「思想・良心の自由の間接的な制約となる」ことを認めつつも、行事の秩序確保の「必要性・合理性」から違法ではないとしている。しかし、いずれも教育活動としてのその「必要性・合理性」の具体的内容については一切述べない。また、君が代斉唱に消極的意見を有する人、積極的意義を見出す人等の「多元的な価値の併存を可能とするような運営をすることが学校としては最も望ましいことであり」「全体の奉仕者としての公務員の本質にも合致し、教員の在り方にも調和するものであることは明らかである」と学校運営や教師の在り方からみれば「最も望ましい」のに、「校長の裁量による統一的な意思決定に服されることも許される」として「望ましさ」を切りすてる（予防訴訟判決補足意見）。

さらに、これらの合憲判決に共通しているのは、教育委員会及び校長の職務命令とはどういうものだったのか、その内実を見ない点である。職務命令は単に「起立・斉唱」を命じたものなどではない。会場の設定の仕方、椅子の並べ方、式次第、全教職員個々人の時間を明示した職務内容まで、学校行事としての教育活動の細部にわたって、学校の教育活動の裁量を一切認めない都立校全校一律の形式・運営を強制したもので、その実態を全く見ないということに特徴がある。予防訴訟の東京地裁判決はその実態を詳細に分析したから、思想・良心の自由を侵し、不当な支配に当たるとしたのである。

それに対して、例えば最初に出たピアノ伴奏拒否事件の最高裁判決（２００７年2月27日）での藤田宙靖裁判官の反対意見は、「学校教育の究極的目的が『子供の教育を受ける権利の達成』でなければならないことは、自明の事柄であって」、そのために「仮に『君が代斉唱の指導』という中間目的が承認されたとしても、そのことが当然『ピアノ伴奏を強制すること』の不可欠性を導くものではない」といい、「校長の職務命令によって達せられようとしている公共の利益の具体的内容は何かが問われなければならない」と、教育の条理から問う。

三例目の田原睦夫裁判官の反対意見では、「違反行為の具体的様態だけでなく、違反行為によって校務運営にいかなる支障を来したか結果の重大性が問われるべきである」と言い、多数派の補足意見でも、「強制や不利益処分は可能な限り、謙抑的であるべき」「様々な考え方があり、処分を伴う強制は教育の生命を失いかねない」「職務命令が原因で対立して教育現場の悪化を招けば、児童・生徒も影響を受けざるを得ない」と、「教育」という作用から問うから疑点が出てくるのである。

このように、私たちは「教育とはどういう営みなのか」「学校とは何をするところなのか」と、教育の条理から捉えていけば必ずや希望が見いだせると確信している。黙らず、諦めず、それは子ども・生徒が人間らしく成長・発達することとどんな関係があるのかと問い続け、声を発し続けていくことが大事なのだと思う。校長こそ、その先頭に立つべきであろう。

〔注11〕予防訴訟（国歌斉唱義務不存在確認等請求事件）＝二〇〇三年一〇月二三日の卒業式・入学式等での国歌について起立・斉唱を義務づけた校長への職務命令に対して、都立学校教師三九七名が、斉唱の義務がないことと、不起立・不斉唱の教師に対していかなる不利益処分をしてはならないことを求めている訴訟。〇六年九月二一日東京地裁判決では、現場の裁量を一切許さない起立・斉唱の職務命令による強制は、憲法19条（思想・良心の自由）の侵害であり、教育基本法10条（不当な支配）違反であるとして原告の全面勝利。都が控訴した高裁では二〇〇一一年一月二八日、地裁判決を取り消し、通達と職務命令は違憲・違法ではない、思想良心の自由も侵さないと逆転判決。原告教師たちが最高裁に控訴している。

(2) 生徒・親・教師の現実と思いから

前述紹介した現職のA高校長は、教職員にこう自分の在り方を紹介している。

《……新採でE高校に赴任し、次にF工業高校に一三年間いました。暴走族が最盛期で、廊下をバイクで走ったり、退学した生徒が教室でシンナーを売買したりと大変な時代でした。いじめも暴力行為がほとんどで、わかりやすいといえばわかりやすい時代でした。部活動も教師が付きっきりでないと直ぐに崩壊します。部内のいじめ問題で私自身が警察や教育委員会に訴えられたこともありました。ある晩、私の自宅に『今、＊＊町でAをひき殺した」という電話がかかってきたこともありました。女房とお袋は青ざめ、警察に事故の確認をしたそうです。もちろん私は何事もなく、その＊＊町で飲んでいました。

　このようなひどい状況でしたが、多くの先生方は熱心にとことん生徒の面倒をみようとしていました。しかし、その中で、心を病んで休職する先生や、新規採用で半年も経たないうちに退職する先生もいました。また、ある転入してきた先生の「ここの生徒はいくら面倒を見ても、結局は裏切られるからやりがいがない」という言葉に、「心の中で感謝していても、それを上手く表現できない生徒だっている」と反論したこともありました。大変だけれども、やりがいもある。何度約束しても裏切られる。けれどもまた信じてしまう。そういう葛藤が澱《おり》のように蓄積し、私の教員としてのバックボーンとなりました。そして、その初心を忘れぬよう、教頭・副校長としてやってきました。

　問題行動の多発する学校では、その件数が一定数をこえると教員の負担感が増大します。モグラたたきのように問題が次から次へと発生する。明日の見えない泥沼のような状況の中で、体調を崩す先生が増え、生徒の退学者が増加していきます。これは経験のない人には理解できないかもしれませんが、こうした負のサイクルを断ち切るために、先生方を応援し、元気づけたいという信念でやっていきます。》

　こういう、生徒との格闘の中からつくってきた思いを何よりも大事にする。だから、目の前の生徒や親の、教師たちの事実から出発する。その中でも、今まで述べてきたような、教育の条理とかけ離れた管理と統制の東京の「教育改革」のもとでも、それほどには学校や教育が破壊されていないのは（石原都知事の言う「教育の破壊的改革はできなかった」）、教師たちの頑張りがあるからである。共に学校現場で活動する校長は誰よりもこの教師の事実を信頼することから出発しなければならない。そしてその信頼に応えうる校長にならんとしなければならない。

ＯＥＣＤ（経済協力開発機構）中最低の教育予算のもと、世界一過重な労働を強いられ、しかもその労働時間の内授業以外の勤務が七割という最悪の条件の下（注12）、学校現場で毎日生徒のために頑張っている教師がいるという事実、この教師の事実にこそ私たちの希望がある。にもかかわらず、教師が悪いから教育が良くならないと、最前線で苦闘している教師たちを攻撃して、どうして教育を改革することなどできるだろうか。

二〇一一年三月一〇日の東京高裁判決は、不起立処分された教職員について、「不起立行為等は自己の個人的利益や快楽の実現を目的としたものでも、職務怠慢や注意義務違反によるものでもなく、破廉恥行為や犯罪行為でもなく、生徒に正しい教育を行いたいなどという歴史観ないし世界観又は信条及びこれに由来する社会生活上の信念に基づく真摯な動機によるものであり、少なくとも控訴人にとっては、やむにやまれぬ行動だったということができる」と、教職員たちの「真摯な」事実にたって処分取消を言い渡したのである。

生徒は今どんな思いで学校に通っているのか、先生たちは毎日どんな思いでその生徒たちとかかわっているのか、親はどんな思いで子どもを学校に送り出しているのか、そこから私たちの教育改革は出発するのでなければならない。

〔注12〕教育予算＝教育への公的支出のＧＤＰ（国内総生産）比は日本は３・４％でＯＥＣＤ28カ国中最下位（05年度）。一日平均勤務時間10時間45分。休憩８分。月80時間の過労死ライン突破（06年度文部科学省―公立小中学校教員の勤務実態調査）。勤務時間の「授業時間以外」の割合は７割。ＯＥＣＤ平均の１・３倍。

(3) 生徒・親・地域との繋がりに支えられて

教育という仕事、そして学校というもののもう一つの事実は、教師は、学校は、全国津津浦々の子ども・親・地域と繋がっているということである。そこにまた、私たちの教育再生の希望があるのではなかろうか。

教育の営みはもともとこの繋がりの上に成り立っている。親・地域からの教師や学校に対する要求や批判も大きい。しかし、批判は期待の裏返しである。政治や行政主導の教育改革は、この要求や批判の都合のいいものをつまみ食いして、この繋がりを逆手にとって行われている。

私たちは要求や批判をつまみ食いしてはならない。総ての要求・批判を先ず受け止め、それらを繋げ、それに応えうる共同の学校づくりを進めていかねばならない。何よりも生徒の声から出発し、親・地域に支えられた学校づくりは全国で進められている。私は研究集会で、その先頭に立っている校長、元教育長からの報告も聞いた。

東京でも一九六〇年代からそういう共同の取り組みはあった。区部外の市町村三多摩地域では、私学も含めて、生徒・親・教師による本音で語り、共に学校づくりを進めようという「多摩地区三者懇談会」が毎年もたれ、私も関わってきた。最盛期には公私五七校の生徒から、親・教師六百名以上が集まった。その伝統を引き継いで、久留米高校でも三学期には生徒・親・教師による「三者懇談会」を全日制・定時制共に行っていた。

教育委員会による命令と強制、それに基づく校長の命令と強制の学校づくりから、生徒・親・地域・教職員が結んだ共同の学校づくりに校長が先頭に立つことにこそ私は希望を見出す。

吉田兼好は、「春暮れてのち、夏になり、夏果てて、秋の来るにはあらず。……木の葉の落つるも、まづ落ちて芽ぐむにはあらず、下よりきざしつはるに堪へずして（下から突き上げてくる新しい命に堪えられなくて）、落つるなり」（『徒然草』一五五段）と言っている。危機が去れば希望が生まれるわけではない。今日の教育の危機の中にこそ希望の芽を見出していきたいと思う。

資料

今こそ、学校・地域からよりよい教育を求める大きな教育論議を！

——私たちの呼びかけ

東京都の教育は、憲法・教育基本法を教育委員会方針から削除した上で（二〇〇一年一月）、制度、教育内容、学校運営、人事、教職員の服務にわたり、異常ともいえる政治による直接的教育支配が進行しています。私たちはこのもとで何よりも、学校現場が納得なしに一方的に押しつけられる施策に追われて、子ども・生徒や親の声と向き合い関わり合うという本来の「教育活動そのもののゆとり」を持ち得ないで、管理職をはじめ教職員が「疲弊状況」に陥っていること、学校組織が重層化され、人事考課制度をはじめ「評価と競争の教育」にかりたてられて、教育実践活動を支える根幹ともいえる教育職場の「協働性」が崩されてきていることを心配し、東京の公立学校元管理職としての独自の教育基本法「改正」反対の活動を行ってきました。

教育基本法は改定されてしまいましたが、私たちは今までの活動をさらに発展させ、元東京の公立教育管理職だけでなく、現役の方、私学の方、他県の方、また広く教育関係者に呼びかけて、今、学校はどうなっているのかその事実を共に学び合い、考え合い、学校現場の教育活動を互いに励まし合い、共同の学校づくりを目指す新たな会を二〇〇七年十月十四日発足させました。

私たちがこの会を発足させた基本姿勢は、「問い続ける」というところにあります。

第一に、東京の教育改革、また教育基本法改定後の諸改革の教育観・人間観に対し、「それは子どもたちが人間的に成長・発達することとどんな関係があるのか」と問い続けたいと思います。

フランス文学者渡辺一夫は、ルネサンス期のユマニストの軌跡をたどりながら、現代社会において、『「それは人間であることとなんの関係があるのか』と問いかける心根——この平凡で、無力らしく思われる心がまえが中心とならなければならない」(『私のヒューマニズム』)と問いかけています。それはそのまま現在の教育改革にも当てはまるのではないでしょうか。子どもを「人材」として、評価と競争の優勝劣敗の教育に追い込むのではなく、一人ひとりすべての子どものより人間的な「人格の完成」を目指す「教育の道理」から考え合っていきたいと思います。そして、学校・地域・家庭に「人間的価値」を貫くことを求めていきます。

第二に、私たちの学校づくりは、何よりも「目の前の生徒・教師・親の事実から出発したい」と思います。

今、子どもたちはどんな思いで学校に通っているのか、先生たちはどんな思いで毎日その生徒たちとかかわっているのか、親はどんな思いで子どもたちを送り出しているのか――そこからしか私たちの学校づくり、教育づくりはないのだと思います。

目の前の「子どもの貧困」が大きな問題となっています。経済格差の広がりの中で、生活破壊が進み、その格差が子どもたちの学力、進学のみならず、健康格差にまで広がってきており、「教育を受ける権利・教育の機会均等」そのものが危うくされています。

このもとで、子ども・生徒たちの様々な否定的現れを規律や道徳教育の強化で外側から規制するのではなく、「子ども・生徒の中に生活と社会をつかむ」ことが大事です。そしてそれぞれの現実の中に、「人間らしく生きるもがき」と「人間的な問いかけ・願い」をつかみ、そこに共感し依拠して、その人間的価値を広げ、実現していく、生徒・教師（学校）・父母（地域）を結んだ活動をつくり出していきたいと思います。

第三に、「教育は実践でしか語れない」、そして教職員集団の協力・共同による「協働性こそ教育活動の命」であるということ、そして、その「協働性をつくっていくことこそ教育管理職の役割」であるということです。

学校での実践を担っているのは行政職員にも支えられた一人ひとりの教師です。その一人ひとりの実践を、子ども・生徒を中心にして父母・地域と協力して、学校集団の取り組みに組織していくのが真の校長のリーダーシップではないでしょうか。教師集団の生き生きした意欲的な実践活動なくして、どうして生き生きとした子ども・生徒たちを育てることができるでしょうか。

ところが私たちが最も心配しているのは、校長をはじめ教職員の「疲弊と閉塞状況」です。教師の疲れは子ども・生徒とかかわることの困難さだけにあるのではありません。教師に喜びがあるとすれば、それはその子ども・生徒との格闘の中にこそあります。しかし現在の疲れと諦めは、子ども・生徒と直接かかわる余裕を奪われ、一方的な命令と管理による納得のできないことを単に強制されるところから来ています。

教育実践活動の命は、父母とも結んだ学校教職員集団の協力・共同による協働です。それが、校長は「統括校長」と「一般校長」に、教諭は「主幹」「主任教諭」「一般教諭」に学校組織を階層化し、ＯＪＴ（On the job Training）で各層別に人材育成を図り、それを、「教員評価」して給与まで差別する「人事考課制度」、さらには「職員の意向を確認するような運営（職員会議での挙手や採決にみならず「協議」等）の禁止」等で大きく崩されています。自由な議論なくして教育活動の活力は生まれません。納得なくして意欲はありません。信頼なくしてどんな指導もありません。人間的尊敬なくして真の管理はできません。そのことを学校に取り戻すことを求めていきます。

第四に、「教育に強制はなじまない」ということです。

全国的にも異例な東京の卒業式・入学式に典型化されるように、学校（校長）の裁量など一切認めない、処分で脅し職務命令で強制する教育が強まっています。子ども・生徒の内心にまで踏み込む君が代斉唱の校長・教師の指導責任が問われるまでになり、教育目標に愛国心が法制化され、新学習指導要領では愛国心教育が特別活動を含めた全教科・全教育活動で義務付けられる事態にまでなりました。

教育は押しつけることではなく引き出してやること、自ら選び自らのものにしてやることです。指導に強制はなじまないと同時に、教育活動に命令や強制はなじみません。学校や教職員の多様な指導の工夫こそ大事にされねばならないのではないでしょうか。

同時に、今求められているのは、いじめ問題をはじめ、自分と異なる他者を認め合い、自他の生命、考え方、自由を尊重し、誠実さと思いやりを育てることです。また、価値の多様化、個性の尊重、国際社会を生きる日本人の育成を言うならば、一つの価値への集約、同質化ではなく、多様で異質な文化、価値、生き方、考え方を認め合い、協調し、共存していくことこそ教育に求められています。

第五に、私たちが「尊重」するだけでなく「擁護」すべき義務を負わされている（憲法九十九条）のは「憲法」であり、「憲法に基づく教育基本法の理念」であり、「子どもの権利条約に集約される国際的な子どもの人権と発達観」です。

個人の尊厳と人権を何よりも大事にし、平和と民主主義を目指す、子ども・生徒の成長・発達する権利を保障し、充足させる義務と責任を私たちは負っています。私たちはこの会の活動を通して、この義務と責任を果たしていきたいと思っています。

ぜひ多くの方々が私たちの会に参加され、一緒に活動して下さることを心から呼びかけます。

二〇一〇年十一月二十八日

東京の教育を考える校長・教頭（副校長）経験者の会総会

❇——東京の「教育改革」の主な動き（＊は著者の動向）

1995・4　＊都立千歳丘高校教頭に赴任
・12　『都立高校白書』（生徒の多様化と生徒減を煽る）
1997・1　都立高校長期構想懇談会答申「これからの都立高校の在り方について」
・9　「都立高校改革推進計画―第一次実施計画」（制度を多様化し、学校を統廃合して再編する）
・9　新宿高校問題（習熟度別授業教員加配に係わる水増し請求が発覚、全都立校調査に広がる）
1998・3　「都立学校等在り方検討委員会」報告（新宿高校問題を契機に、校長のリーダーシップの確立、教頭の管理職機能の強化、職員会議の補助機関化と校内内規の見直し、教委の指導性強化等）
・7　「東京都公立学校の管理運営規則」改定（職員会議の補助機関化、校内内規の見直しと廃棄等）
1999・4　＊都立久留米高校校長に赴任・**石原慎太郎都政発足**
・〃　「学校運営連絡協議会」試行開始（外部委員を加えた校長の学校運営を補佐する機関）
・10　「入学式及び卒業式における国旗掲揚及び国歌斉唱の指導について」通達
・10　「都立高校改革推進計画―第二次実施計画」（久留米高校は統廃合の対象に）
2000・4　教職員等の「人事考課制度」導入（自己申告とＳＡＢＣＤ五段階の業績評価）

・〃 民間人校長の導入（高島高校・羽田総合高校）
・〃 校長の「学校経営方針」作成提示、都教委へ提出の義務づけ
2001・1 東京都教育委員会の基本方針から「憲法・教育基本法・子どもの権利条約」の文言削除
・3 都立教育研究所、多摩教育研究所、総合技術センター廃止、研修センターに
・4 「学校運営連絡協議会」の全校実施―学校評価が義務づけられる
・〃 「年間授業計画」作成公開、通年の「授業公開」実施
・〃 「教員異動要綱」改定（新採は四年、他は八年で必異動）
・〃 学区校長会解体、全都校長を一堂に集めた「校長連絡会」に
・〃 期末考査後も終業式まで全生徒を登校させ授業を行う（個人面談等は認めない）
・8 「つくる会」歴史教科書（扶桑社）を都立養護学校に導入
・9 「進学指導重点校」4校指定（日比谷・戸山・西・八王子東高校）↓04年、青山・立川・国立高校を追加
・10 校長の「人事構想調書」提出（異動の対象者、主任予定者、管理職候補者等の校長方針）
2002・4 「学校週五日制」完全実施
・〃 「継続研修」（週一回半日研修）廃止、長期休業日中の「一日研修」廃止（半日勤務で半日研修に）
・7 「教科書選定委員会」の設置（教科で選んでいたものを、①選定委員会を設置し、②全教科書を調査研究、各教科書の報告をし、③選定理由書を作成、委員会で校長が決定し、教育委

員会に報告、教育委員会が決定する）

・10 「都立高校改革推進計画―新たな実施計画」（教育内容、中高一貫校等制度、学校の経営化等）

・11 「学校経営計画策定検討委員会」報告書（P計画、D実行、C評価、A改善のマネジメントサイクルの導入）

2003・4 「学区」撤廃（全都を11学区に分けていたのを廃止）

・〃 「学校経営計画」（スクールプラン）策定（数値目標を入れたものに）

・〃 「主幹」全校導入（教頭を補佐し、職員を監督）

・〃 「キャリアプラン」提出（自己の生涯にわたる研修計画）

・〃 「週毎の授業計画」提出

・〃 定時制給食の「グループ方式」（給食校から周囲の数校に配膳）、「予約制」（生徒はカードで予約）

・7 都立七生養護学校性教育への政治的介入事件

・9 「異動要綱」改定（三年で異動対象［新採は必異動］、六年で必異動）

・10 「入学式、卒業式等における国旗掲揚及び国歌斉唱の実施について」、新「実施指針」通達

2004・2 開校記念式典での「日の丸・君が代処分」八名

・3 卒業式での「日の丸・君が代大量処分」一七六名

・〃 ＊都立久留米高校校長を定年退職

・4 ＊都立小金井北高校嘱託（教育相談）に

・4　入学式での「日の丸・君が代処分」二〇名

・〃　「副校長」制導入（教頭を副校長に）

・〃　「生徒による授業評価」全校実施

・11　都立学校全校で「バランスシート」作成公表（学校予算に対する人件費の割合、生徒一人当たりのコスト、授業一時間あたりのコスト等民間の損益計算書のようなもの）

2005・3　卒業式での「日の丸・君が代処分」五二名

・4　＊小金井北高校退職、都留文科大、東京家政学院大、法政大、非常勤講師に

・4　入学式での「日の丸・君が代処分」三二名

2006・3　「入学式・卒業式等における国旗掲揚および国歌斉唱の指導について」教育長通達（生徒への起立・斉唱指導の義務付け）

・〃　「都立高校部活動推進指定校」三十校指定

・〃　卒業式での「日の丸・君が代処分」三二名

・〃　「学校経営支援センター」設置、事務室を「学校経営企画室」に名称変更

・〃　「学校経営の適正化について」教育長通知（職員会議における挙手・採決の禁止等）

・〃　「人事考課制度」（教員評価）改定（人材育成・処遇への的確な反映から、五段階からA〜Dの四段階にし中位をなくし、評定者は校長一本に、評定を定期昇給に直接反映させる）

・〃　「東京教師道場」開設（教科指導で他の教員を指導できる力をつける2年間の継続研修）

・5　入学式での「日の丸・君が代処分」五名

・6　都民の日、開校記念日の研修扱い廃止
・〃　長期休業中の「グループ研修」（大学等での一日研修）「半日研修」廃止、「授業力向上研修」に
・7　「教員の職の在り方検討委員会報告書」（校長を「統括校長」と「一般校長」に、教諭を「主任教諭」と「一般教諭」に分化、教員階層を八階層に）
・9　「予防訴訟」東京地裁原告勝利判決（職務命令は憲法・教基法違反）
・12　**教育基本法改定**

2007・2　「ピアノ伴奏拒否」最高裁原告敗訴判決（通達・職務命令は合憲）
・3　卒業式での「日の丸・君が代処分」三五名
・4　**石原都知事三選**
・〃　都立盲・ろう・養護学校を「特別支援学校」に名称変更
・〃　校長・副校長のフルタイム再任用実施（校長・副校長が足りない）
・〃　全都立高校で教科「奉仕」必修化
・5　入学式での「日の丸・君が代処分」七名
・〃　「主幹の任用・配置」等の見直し（なり手がなく、受験資格の緩和、配置数の見直し）
・6　「教育三法」改定（学校教育法・地方教育行政の組織及び運営に関する法律・教員免許法）
・〃　「君が代訴訟」（再雇用の合格取り消し）地裁原告敗訴判決（都教委の裁量権の範囲内）
・7　職員会議で採決を求めたり許した四都立高校長「厳重注意」

2008・2　都立七生養護学校金崎満校長処分事件、東京地裁「処分取消」判決
・10　「校長・副校長等育成指針」
・〃　「東京都教員人材育成基本方針」「OJTガイドライン」
2009・3　都立七生養護学校性教育介入事件「こころとからだの学習」裁判東京地裁原告勝利判決
・〃　「東京君が代第一次裁判」（処分取消訴訟）東京地裁原告敗訴判決
・4　主任教諭任用開始
・〃　七生養護学校金崎満校長処分取消訴訟、東京高裁処分取消の一審支持勝利判決
2010・2　右金崎裁判、最高裁都教委の上告申請を「不受理」で「処分取消」確定
・3　全教員にパソコンTAIMS端末を配備、成績等管理サーバー構築
・4　都立高校臨時増学級（43校44学級）
・〃　2012年度から「日本史必修」の方針決定
・〃　「外部機関による進学指導診断」の実施（予備校が指定された19高校に行き、授業を見てアドバイス、また校長・副校長の経営戦略にアドバイス。さらに各校につくる「進学指導に関わる協議会」に参加等）
2011・3　「東京君が代裁判」第一次処分取消訴訟、東京高裁「処分取消」判決
・4　「学力向上開拓推進事業」全校実施（入試の分析を行い、各教科毎のまた学校としての学力向上計画作成、それを検証する学力調査を行いPDCAサイクルに乗せる）
・〃　東京都作成準教科書「江戸から東京へ」全生徒分配布

おわりに

振り返ってみれば、私の教職生活は様々な先輩教師、同僚教師、親、生徒、そして地域教育運動での母親たちに育てられ支えられてきた。

初任校で、新任間もない私が授業から職員室に戻って、生徒のグチを言ったことがあった。とたんに、先輩の松延市次先生から、「この生徒はダメだと言ったとき、その教師はすでにダメになっているんだ！」と怒鳴られた。大きなショックを受けた。そのショックから立ち直らせてくれたのも松延先生であった。

松延先生は一人で職場新聞「おはよう」を作り、毎日先生方の机に配り続けた。私が初任校を四年で転勤し、そこで初めての担任になったとき、松延先生は定年を前に最後の担任をもった。そして「学級通信」発行の競争をしようと私を挑発してきた。

ガリ版の時代だった。印刷も蝋原紙を張り付けて一枚一枚手刷りだった。発行数では松延先生に対抗できたが、内容はとても及ばなかった。生徒への思いの熱さが違う。生徒・親の心をつかむ深さが足下にも及ばない。私はこの恩師の教えを通して今では、学校とは何かと問われれば、「迷うこと、出会うこと、目覚めること」と答える。教師とは何かと問われれば、「あふれる思いのある人のこと」と答えることができる。

以来、私は担任をもったら日刊で通信を発行し続けた。校長をはじめ同僚教師、行政職員にも配り批評を受けた。夏休みには二回ほど、また年賀状代わりに生徒に郵送した。もちろん校長が点検したり口を出すことなどはなく、自由に書け、自由に出せた。

この学年時の最初の保護者会で私は親に様々なことを話したが、会が終わり帰り際、ある母親が、

「先生もやっぱり先生ですね、言うことが難しくて私にはよく分かりません」

と言われた。このときもショックを受けた。以来、親に話をするのではなく親の話を聞く、親から学ぼうと思った。そして、親の委員が主催し、テーマも親が決める学級父母会を毎月一回もち、私も一緒に学んできた。それは、年一回だが、生徒が卒業しても毎年続いた。教育というのは、私たち自身のいかに生きるべきかという問いを、生徒と共に実践していくことだと思い知らされた。

三校目の学校では、学年をもったとき、他の担任は皆私より若かったが、春休みに民宿に泊まり込んで、全員が自分の夢を語り合い、学年方針づくりをした。その学年時、私のクラスの女子生徒が家出した。新宿のディスコで働いているらしいということで、若い学年の先生たちが一緒に探しに行ってくれた。何軒も探し回ったが見つからず、終電もなくなり、深夜喫茶で夜を明かし、始発

電車で学校に戻った。

その後、生徒は自分から家に戻ったが、事情を聞いても黙ったままだった。そして最後に、「でも、家出しているときだけ、生きてるって感じがした。……私だって自分がイヤでイヤでしょうがないのよ、でもどうしたらいいのよ！」

と泣きじゃくった。私は胸が詰まって何も答えられず一緒に泣いた。私の涙を見て彼女は、

「私、先生といっしょにもう一度やり直します」

と言って帰って行った。自分の未熟さを思い知らされた。生徒の中に社会を、生活をつかめる教師に、その心に寄り添える教師になりたいと思った。


考えてみれば、当時も教師の忙しさは今と変わりはなかった。しかしその忙しさは、生徒と向き合う忙しさだった。だから疲れても諦めることはできなかった。

しかし今や都立高校の教師一人ひとりの机にパソコンが置かれ、自己申告書をはじめ成績処理までこれに打ち込み、教委が一括管理するようになった。職員室では教師は皆パソコンに向かっている。生徒の話より事務処理に追われている。

私は今、大学で教職関係の講義をもっているが、それぞれの講義の副題に「教育は人間讃歌」と付けている。そして、「教職とは、話す仕事ではない、聞く仕事である」「教師とは、あふれる思い

のある人のことだ」「人間の発達にマニュアルはない、だから教育は面白い」「答える学力から問う学力へ」等々と言い続けている。

そこからこの間の東京の「教育改革」を振り返ってみると、それは、政治の教育への直接介入・支配の過程であり、学校から生徒の姿、教育の言葉が奪われていく過程であった。そのもとで、今日の「教育改革」の教育観、人間観に対して「それは子どもたちが『人間的に成長・発達することとどんな関係があるのか』と問い続けたい」（「東京の教育を考える校長・教頭（副校長）経験者の会の呼びかけ」）と改めて感じさせられている。そして、学校に行政の言葉ではなく、教育の言葉を取り戻すことこそ課題であると。

ここに書いてきた私の体験がささやかでも、その「問う」ことの参考になれば幸いである。

最後に、高文研の金子さとみさんに心から感謝申し上げます。最初に話があって以来一年も遅れてしまいました。その間、細部にわたってご指導いただきました。多大なご迷惑をおかけしたことをお詫びし、感謝申し上げます。

二〇一一年夏

渡部　謙一

渡部　謙一（わたべ・けんいち）

1943年生まれ。1966年都立高校教諭となる。以後、三つの高校の勤務を経て、1995年千歳丘高校教頭、99年から都立久留米高校校長に。2004年３月定年退職。その間、東京都高等学校特別活動研究会会長、全国特別活動研究会副会長、東京都教育研究開発「特別活動」委員長等歴任。04年都立小金井北高校嘱託。05年より都留文科大学、東京家政学院大学、法政大学で非常勤講師を経て、現在都留文科大学非常勤講師。「東京の教育を考える校長・教頭（副校長）経験者の会」事務局。「東京の教育改革」また「教育管理職論」については『教育』（教育科学研究会）、『人間と教育』（民主教育研究所）、『高校の広場』（日高教）、『学校運営』（全国公立学校教頭会）『新自由主義教育改革』（大月書店）等に執筆。

東京の「教育改革」は何をもたらしたか

●二〇一一年九月一五日――――第一刷発行

著　者／渡部　謙一

発行所／株式会社　高文研
東京都千代田区猿楽町二―一―八
三恵ビル（〒一〇一＝〇〇六四）
電話　03＝3295＝3415
振替　00160＝6＝18956
http://www.koubunken.co.jp

組版／株式会社Web D

印刷・製本／シナノ印刷株式会社

★万一、乱丁・落丁があったときは、送料当方負担でお取りかえいたします。

ISBN978-4-87498-465-9　C0037